Claves para encontrar empleo en una semana

Claves para encontrar empleo en una semana

Hilton Catt
Patricia Scudamore

La edición original de esta obra ha sido publicada en lengua inglesa por Hodder & Stoughton de Londres, con el título *Job Hunting in a week*.
Autores: Hilton Catt y Patricia Scudamore
Traducción: Enric Barba
Ilustración cubierta: Jordi Xicart
© Hilton Catt y Patricia Scudamore, 2002
    y para la edición en lengua española
© Ediciones Gestión 2000
    Planeta DeAgostini Profesional y Formación, S.L., Barcelona, 2006
ISBN: 84-96426-32-7
Depósito legal: B-44.451-2005
Fotocomposición: gama, s.l.
Impresión: Gyersa
Impreso en España – *Printed in Spain*

ÍNDICE

Introducción 7

Lunes   Comprendiendo el moderno mercado
                 de trabajo 9

Martes   Disponibilidad, transparencia
                 y esfuerzo 23

Miércoles   Seleccionando empleos 37

Jueves   Accediendo al mercado visible 50

Viernes   Penetrar en el mercado invisible 69

Sábado   Cómo lograr que nos contacte una
                 empresa de búsqueda de directivos 89

Domingo   Siendo selectivos en la búsqueda
                 de empleo 106

Conclusión   La búsqueda de empleo como parte
                 de una carrera estratégica 117

Existe para su talento un mercado ahí afuera mucho mayor de lo que usted se imagina y este libro le va a mostrar cómo acceder al mismo y sacar provecho en el proceso –todo en el espacio de una semana.

¿De qué beneficios hablamos? Eche un vistazo a la siguiente lista:

- Dé una dirección adecuada a su proceso de búsqueda de empleo. Logre mejores resultados para su esfuerzo.
- Reduzca el número de cartas que recibe con un «no, gracias». Evite el desánimo asociado a solicitudes de empleo sin éxito (el tipo de desánimo que puede llevarle a darse por vencido).
- Consiga una idea acertada de lo que puede ofrecerle el mercado laboral.
- Entienda el mercado laboral moderno y cómo funciona. Aprenda a sacarle partido. Conozca también dónde acecha el peligro.
- Aprenda a tener acceso al esquivo mercado invisible (aquellos empleos no anunciados). Como resultado, dé a su búsqueda de empleo una dimensión extra.
- Aumente las probabilidades de ser contactado por una empresa de búsqueda de directivos. Sitúese en la carrera por los cargos *crème de la crème*.
- Esté en sintonía con el siglo veintiuno. Actualice su sistema de búsqueda de trabajo.

Su semana depara lo siguiente:

Lunes:	Comprendiendo el moderno mercado de trabajo.
Martes:	Disponibilidad, transparencia y esfuerzo –las claves para una búsqueda de empleo con éxito.
Miércoles:	Seleccionando empleos
Jueves:	Atacando el mercado visible.
Viernes:	Atacando el mercado invisible.
Sábado:	Cómo lograr que nos contacte una empresa de contratación de directivos.
Domingo:	Siendo selectivos en la búsqueda de empleo.
Conclusión:	La búsqueda de empleo como parte de una carrera estratégica.

Comprendiendo el moderno mercado de trabajo

Esta es la relación de tareas para hoy:

- Comprender el moderno mercado de trabajo y su funcionamiento.
- Aprenda a tener acceso al esquivo mercado invisible (aquellos empleos no anunciados, los empleos que se rumorean, son los mejores).
- Entender de forma básica la búsqueda proactiva y reactiva y el significado de dichos términos.

La jungla del empleo

Imagine que inicia un viaje a través de la jungla por su cuenta. Los primeros pasos que tome serán atrevidos hasta que descubra que la jungla es un lugar extraño que no tiene caminos a seguir ni indicadores que le muestren el camino. Apremia el paso, no obstante, esperando que todo irá bien; pero tras un rato se encuentra abriéndose camino en la maleza, perdido. Tarde o temprano, la desesperación se apodera de usted y todo lo que quiere es encontrar la salida más rápida.

Penetrar en el moderno mercado laboral puede ser un poco parecido. A veces, parece impenetrable y hostil. A veces, parece que uno sólo da vueltas en círculos y sin alcanzar nada. En otras, todo lo que desea es sentarse en el suelo y apoyar la cabeza entre las manos.

¡AVISO!

Desánimo
El desánimo es lo que les acosa a las personas que se adentran en la jungla del trabajo sin un sentido de la dirección clara. En la búsqueda de empleo, el desánimo es lo que se debe evitar a toda costa.

Las preocupaciones de un buscador de empleo

Hace unos años solicitamos una muestra aleatoria de candidatos para puestos de gestión, desde recién graduados a mandos intermedios, en el sector de ingeniería, que nos describieron qué les preocupaba más acerca del moderno mercado laboral. Este fue el resultado:

- El alto volumen de competidores para los trabajos buenos; la dificultad, incluso, de lograr entrevistas.
- Los malos modos (empresas que no contestaban a las solicitudes o que no les hacían saber a los candidatos el resultado obtenido en la entrevista).
- El llamado mercado invisible: ese rumor de que el 90% de los trabajos no se anuncian; cómo descubrir dichos empleos.
- El riesgo asociado al cambio de empleo; el miedo a realizar movimientos equivocados y sus consecuencias.

Comprendiendo el moderno mercado laboral

Entonces, ¿qué sucede aquí y por qué tanta gente considera el moderno mercado laboral como un lugar tan «difícil»? Echemos un vistazo más de cerca y veamos lo que podemos descubrir.

Pocos de nosotros necesitamos que nos recuerden que el mundo en que vivimos y trabajamos ha cambiado de forma sustancial en los últimos veinte años. Las grandes fábricas con sus chimeneas echando humo han desaparecido en su mayor parte. Docenas y docenas de nuevas y pequeñas empresas han ocupado su lugar –hasta el punto de que el sector de las pequeñas empresas es ahora una importante fuente de empleo de calidad (un hecho que nadie debería olvidar).

Incluso en las grandes compañías, la necesidad de reducir costes las ha conducido a minimizar su tamaño y a ser más eficientes. Aún más, esta reducción de tamaño y mejora de la eficiencia ha venido acompañada en muchos casos por la disgregación de grandes estructuras en otras más pequeñas, en unidades más fácilmente dirigibles (fragmentación).

¿Cómo afectan estos cambios a la gestión del proceso de contratación? Veamos, antes que nada, qué sucedía en los buenos tiempos.

Proceso de contratación clásico

Hemos acuñado este término para describir el concepto mayoritario de lo que envuelve a un proceso de contratación. Un ejemplo será de ayuda.

Ejemplo: Empresa X

La empresa X dispone de una vacante para un director de sistemas informáticos. Es una gran empresa en el sector de los componentes de la automoción y da empleo, aproximadamente, a 5.000 personas distribuidas a lo largo de tres plantas. Las instrucciones para proceder a la selección se entregan al departamento de Recursos Humanos de la empresa. Se insertan anuncios en varios periódicos y revistas y la plaza se somete también a dos compañías de selección de personal especializadas

---

en sistemas informáticos. Como resultado, se reciben 30 solicitudes de las cuales 15 son seleccionadas por el departamento de Recursos Humanos para realizar entrevistas preliminares. De estas entrevistas preliminares, se propone una reducida lista de cinco candidatos al director ejecutivo para una selección final. En cada etapa, los candidatos rechazados son informados por carta.

Proceso de contratación actual

Grandes empresas: El modelo de contratación clásico aún funciona, por supuesto, pero en muchas otras grandes empresas en las que se practicaba el proceso de contratación clásico, ahora predominan otras circunstancias muy diferentes.

Para empezar, el departamento de Recursos Humanos sufrió más que nadie en las distintas fases de reducciones drásticas de personal de los últimos años. Considerados como procesos periféricos del núcleo de negocio central, en algunos casos han sido completamente eliminados, mientras que en otros han sido reducidos a meras sombras de los de antaño. ¿El resultado? Podemos ver cómo el proceso de selección de personal de hoy día se sustenta cada vez más sobre los hombros de directores funcionales, lo que implica que el nivel con que se ejecuta depende de:

- Cuánto tiempo y recursos pueden aportar (teniendo en cuenta que también poseen otras funciones a su cargo).
- Su experiencia.

El tiempo y los recursos son, por supuesto, grandes áreas de preocupación para todo directivo, pero, además, las reducciones de niveles en el organigrama, las reestructuraciones y las reducciones de plantilla de los últimos años han dejado a muchos de ellos con poco o ningún soporte administrativo. Nótese el hecho de que todo el ejército de secretarias y asistentes que antaño rodeaban a los altos directivos en las grandes empresas han desaparecido a todos los efectos. Hoy día, los mismos altos directivos es muy probable que tengan que irse a buscar el café, contestar las llamadas y, en algunos casos, incluso redactar sus propias cartas.

Pequeñas empresas

Las pequeñas empresas nunca han dispuesto de departamentos de recursos humanos (al menos no como norma general). La selección de personal ha sido siempre abordada por directores ocupados con otras responsabilidades. La única diferencia que tienen las pequeñas empresas es que son muchas.

¿Malos modos?

¿Por qué en la actualidad las empresas son tan remisas a responder a las solicitudes de empleo? ¿Existe un brote de mala educación, como algunos que buscan empleo parecen opinar?

No es que deseemos exculpar a las empresas que no responden a las cartas de los candidatos; pero la explicación, muy a menudo, no es la grosería, sino la situación de presión a la que se enfrenta un directivo a quien se le presenta el problema de encontrar un sustituto para un miembro clave de su plantilla que ha decidido marcharse. Lo que sucede es lo siguiente: se inserta un anuncio en los periódicos y quizá se contactan algunas consultoras de selección de personal. Si el empleo es atractivo, el resultado es un exceso de solicitudes. Teniendo en cuenta que nuestro directivo seguramente no está muy acostumbrado a dichas situaciones, reacciona cogiendo un par de cartas que han captado su atención y coloca el resto a un lado con la intención de tratar con ellas más tarde. Surge una crisis seguida de otra y, como buen directivo, responde a ellas priorizándolas. Como resultado, tareas como las de responder a un montón de candidatos sin éxito pasan a un segundo plano del que nunca resurgirán.

Ajustes rápidos

Otra faceta del mundo en que vivimos, con la reducción de niveles en el organigrama, es el modo en que los huecos que se producen en las filas de los empleados clave causan rápidamente problemas a la empresa.

Ejemplo: Empresa Y

La empresa Y es una planta de producción que da empleo a 600 personas. Anteriormente, tenía una estructura de dirección a tres niveles:

Director de producción
∨
Jefes de sección (5)
∨
Jefes de célula de producción (30)

Hace cinco años, enfrentándose a una intensa competencia global y con la necesidad urgente de reducir costes operativos, la empresa Y decidió eliminar el nivel de Jefes de sección de su estructura, dejando que los Jefes de las células de producción informaran directamente al Director de Producción. Como consecuencia de ello, siempre que se produce una vacante de Jefe de células de producción, el personal de taller mantiene un contacto directo con el Director de producción: una situación que el Director de producción encuentra difícil de manejar. En consecuencia, el Director de producción hace todo lo que puede por llenar la vacante de cualquier Jefe de célula tan pronto como sea posible.

El mercado invisible

El proceso de contratación clásico exige mucho tiempo y un duro trabajo. Por tanto, presenta poco atractivo para los directivos altamente presionados, con vacantes que requieren ser ocupadas de forma rápida, así como mil y una otras preocupaciones que requieren su atención. ¿Qué sucede en estas situaciones? La respuesta es que hacen todo lo que hacen los directivos con recursos. Buscan atajos.

Aquí hay un ejemplo de atajo:

«Si anunciamos los puestos de trabajo en la prensa nos encontramos inundados por el nivel de respuestas, el 90% de las cuales son totalmente inadecuadas. Más que procurarnos este tipo de molestias preferimos, antes que nada, ver si conocemos a alguien en el mercado. Si no existe nadie, normalmente nos dirigimos a algunas empresas de consultoría en selección de personal y les pedimos que elaboren una corta lista con candidatos provenientes de sus archivos».

Un vasto –y en su mayor parte sin explotar– mercado de trabajo invisible ha emergido en los últimos años, empleos que nunca son anunciados y que se ocupan por uno de los tres métodos siguientes:

- **Contactos:** Empresas en busca de personas a través de sus redes de contactos dentro de algunos sectores o negocios, o utilizando cazatalentos que realicen el trabajo por ellos.

- **Consultores de selección:** Acceso a candidatos preguntando a empresas de consultoría laboral para buscar en sus archivos candidatos adecuados.
- **Anteriores solicitudes de empleo:** Revisión de anteriores solicitantes de puestos de trabajo, incluyendo currículums rechazados.

Existen otras razones, además de las anteriormente expuestas, para el crecimiento del mercado invisible. Dejemos que tres altos directivos de esta nueva ola de pequeñas empresas basadas en el conocimiento nos lo expliquen:

«Las personas en las que estamos interesadas no necesariamente estarán buscando otro empleo. Por ello, publicar anuncios no es una solución para nosotros.»

«Estamos buscando personas con capacidades que escasean y muy definidas. Hemos encontrado que el único modo de conseguir a dichas personas es dirigirse a empresas especialistas en la selección de personal.»

«Seleccionar a alguien para un cargo de alta dirección que no encaje en la empresa es una idea que nos preocupa mucho, debido al daño que ello pueda causar a negocios como este, basados en el equipo.

> «Cuando realizamos un proceso de selección de personal, por tanto, siempre incorporamos la ayuda de empresas de búsqueda de directivos. Nos sentimos más cómodos con aquella gente que viene a nosotros con una recomendación de una empresa de selección.»

Los puntos clave a identificar son:

- El aumento en la concienciación, hoy día, de los perjuicios de realizar una decisión de selección equivocada, en particular cuando dicha vacante cubre una posición de responsabilidad; no sólo se debe considerar el daño al negocio sino también la perspectiva de un litigio si la persona contratada en una elección errónea tiene que ser despedida de forma rápida.
- El impacto en la empresa de la escasez de capacidades en el mercado: la idea ampliamente sostenida de que seleccionar personal con capacidades únicas requiere algo «especial».
- El crecimiento del empleo de empresas de búsqueda de directivos como el método predilecto en la selección de personal, en especial cuando se trata de nombrar a altos directivos; el factor de «confort» que la utilización de esas empresas ofrece.

Existen sólo tres aspectos que debería considerar sobre el mercado invisible:

• Que es grande
• Que sigue creciendo
• Que necesita introducirse en él

Búsqueda proactiva y reactiva

La última tarea para hoy es presentarle alguna terminología de ayuda.

Búsqueda reactiva

Esta se da cuando el estímulo proviene de la empresa, normalmente en forma de anuncio. En este caso, usted responde a una invitación a dar un paso adelante y es la calidad de su respuesta lo que importa. La búsqueda reactiva se utiliza para acceder al mercado visible.

Búsqueda proactiva

Este caso sucede en la búsqueda de empleo orientado al mercado invisible, en el que para poder superar el obstáculo, el estímulo debe venir por su parte.

Hoy día, la búsqueda de empleo con éxito implica disponer de la capacidad de acceder tanto al mercado visible como al invisible, lo que a su vez implica utilizar un «porcentaje x» de búsqueda proactiva como de reactiva. Demasiados candidatos aplican todo su esfuerzo en esta última (respondiendo a anuncios con ofertas de trabajo), lo que implica que se pierdan algunas de las mejores oportunidades que ofrece el mercado.

Resumen

Compruebe que su búsqueda de empleo está adecuada a los tiempos modernos y que no está utilizando métodos propios de condiciones de mercado que desaparecieron hace años. Adáptese. Aprenda nuevas estrategias. No se quede anclado en el pasado.

L U N E S

Disponibilidad, transparencia y esfuerzo

Hoy vamos a aprender los tres principios fundamentales para lograr una búsqueda de empleo con éxito en las condiciones laborales actuales. Estos tres principios se conocen generalmente como las «Tres A».[1] Son las siguientes:

- **Disponibilidad:** La importancia de «estar ahí», de ser fácilmente localizable, de estar disponible para asistir a entrevistas cómo y cuándo lo requieran las empresas.
- **Transparencia:** Asegurarse de que todo el mundo tiene claro exactamente (a) quién es, (b) qué se propone y (c) qué intenta lograr.
- **Esfuerzo:** Estar preparado para un duro trabajo. Asimismo, estar preparado para afrontar el trato cruel que el mercado laboral puede ofrecer ocasionalmente.

Disponibilidad

Estar en el lugar apropiado en el momento adecuado ayuda en la mayoría de las circunstancias de la vida, y la búsqueda de empleo no es una excepción. Estar ahí, ser fá-

---

1. Las «Tres A» corresponden a las iniciales de los términos ingleses «Availability», «Accessibility» y «Application», traducidos aquí con los términos «Disponibilidad», «Transparencia» y «Esfuerzo». *(N. del T.)*

cilmente localizable por las empresas, tener la capacidad para asistir a entrevistas cómo y cuándo se requiera, todo ello ayuda a asegurar unos resultados positivos en las actuales condiciones de mercado. Es por ello que debe comprobar su disponibilidad antes de adentrarse en el mercado laboral, es decir, antes de que su falta de disponibilidad se convierta en motivo de desilusión.

¿Como conseguirlo? Revise la siguiente lista y responda a las preguntas con tanta sinceridad como le sea posible:

Listado de comprobación de disponibilidad

- ¿Lograrían las empresas ponerse en contacto con usted si necesitaran hacerlo urgentemente? ¿Dispondrían de teléfonos de contacto donde pudieran contactar con usted?
- De modo parecido, si esas mismas empresas necesitaran hablar con usted fuera del horario de oficina, ¿dispondrían de teléfonos de contacto donde poder localizarlo?
- ¿Podría suceder que intentar contactar con usted les cause una molestia porque «nadie contesta a las llamadas o la línea está siempre ocupada»?
- ¿Cuál sería su respuesta si una empresa le propusiera una entrevista en horario de oficina en algún momento dentro de los próximos siete días? ¿Sería capaz de conseguir el tiempo libre necesario, o supondría esto una dificultad para usted?

Revisar esta lista de puntos le ayudará a descubrir los fallos en su disponibilidad. Con suerte, también servirá para potenciar acciones como:

- Actualizar su currículo, incluyendo los teléfonos de contacto. Con ello queremos decir los números de teléfono de su casa, del trabajo y del móvil. En el caso del teléfono de casa, deberá indicar asimismo la hora a la que normalmente llega (por ejemplo: «a partir de las 8 de la tarde»).
- Si se encuentra alejado de su oficina muy a menudo, analice la posibilidad de instalar un buzón de voz en la extensión telefónica de su oficina.
- Establecer algunas condiciones en casa, como la de pedir a los miembros de su familia que mantengan las conversaciones telefónicas breves, especialmente al atardecer (cuando las empresas, los que buscan directivos y los consultores de selección de personal pudieran estar intentando ponerse en contacto con usted). Como solución alternativa, podría instalar una segunda línea o solicitar a la compañía telefónica que le proporcionara un tono de llamada en espera.
- Disponga siempre de algunos días de vacaciones para el caso de que necesite asistir a entrevistas.

Haga limpieza en la cinta de su contestador automático

Ante la posibilidad de que empresas, consultores en selección de personal o empresas de búsqueda de directivos le vayan a llamar, ¡ahora es el momento de quitar esos estúpidos mensajes de la cinta de su contestador automático!

¡AVISO!

La falta de disponibilidad tiene, a veces, causas insólitas. A menudo usted es el último en descubrirlas.

> **¿Sabía usted...?**
>
> Hoy día el teléfono se utiliza más y más para el contacto con los solicitantes de empleo. En parte, es un reflejo del mundo instantáneo y sin papeles en que vivimos; en parte se debe a la presión en la gestión del tiempo, y en parte, al aumento de la participación de las empresas de búsqueda de directivos que realizan la mayoría de su trabajo por teléfono. En consecuencia, el listado de entrevistas a realizar se decide a menudo basándose en quién puede ser contactado y quién no. Candidatos difíciles de localizar son candidatos que pierden su oportunidad.

Transparencia

La empresa que puede contratarle necesita saber quién es usted, qué se propone y qué es capaz de hacer en un plazo muy corto de tiempo. No hace falta decir que su transparencia depende directamente del diseño de su currículo. Tiene especial relevancia en dos situaciones:

- **Mercado visible:** En el que envía una solicitud a un buen empleo que ha sido ampliamente anunciado. En este caso, el problema será la competencia. Usted será uno más de un gran número de solicitantes, y de algún modo su currículo debe destacar por encima del resto.

- **Mercado invisible:** En el que envía por correo su currículo a empresas basándose en la suposición de que exista algo apropiado para usted. Los currículos no solicitados tienden a tener a su llegada el trato automático de una «lectura rápida», tal como sucede con el resto del correo matutino. De nuevo necesitan captar la atención del lector a fin de evitar que acaben en la papelera de forma rutinaria.

Revisando su currículo

Sobra decir que no llegará muy lejos en su viaje a través de la jungla del mercado laboral sin un currículo. Si no dispone de uno, por cualquier motivo, tome los pasos necesarios para prepararlo.

(Existe un libro de esta serie en el que se explica cómo preparar un currículo, *Cómo preparar un CV con éxito en una semana,* por Steve Morris y Graham Willcocks). La mayoría de las personas disponen ya de un currículum. En su caso, la tarea consiste en echar una mirada crítica a lo que tiene y ver cómo se defiende desde el punto de vista de la transparencia. Para lograrlo, he aquí una lista de los problemas típicos de falta de transparencia. En lo que concierne a su currículo, revise si encaja alguno de los siguientes puntos y, si así fuera, tome las acciones oportunas. De nuevo, hágalo antes de intentar poner un pie en el mercado laboral.

- **Demasiado largo:** Cualquier cosa por encima de tres páginas en A4 es sospechoso. Los currículos largos no son leídos o no son leídos correctamente.

- **Poco conciso:** Las descripciones largas y confusas tienden a hacer perder la atención al lector. Por ejemplo, el detalle de lo que hizo en un empleo hace diez años es muy probable que no sea del interés de nadie.
- **Demasiada jerga:** Algunos destinatarios de su currículo serán personas de perfil generalista, es decir, directores de Recursos Humanos, consultores de selección, etc. Tenga esto en cuenta y utilice una terminología que puedan entender personas de cualquier formación.
- **Falta de claridad en sus objetivos:** Alguien que lea su currículo necesita saber qué espera lograr con el cambio de trabajo. Si está buscando una mejor remuneración, por ejemplo, deberá dejarlo claro reflejando la cifra que tiene en mente. Este punto volverá a salir mañana, cuando hablemos de seleccionar empleos.
- **Mala presentación:** Generalmente, es el resultado de intentar condensar demasiada información en muy poco espacio. Márgenes estrechos, tamaños de letra pequeños que provocan que los lectores vayan a buscar sus gafas desesperadamente (o por el contrario, no llegan a molestarse en ello), falta de espacios en blanco en las páginas, son factores todos ellos que impiden que su currículo pueda ser leído de forma rápida y sencilla. ¿La respuesta? Edítelo muchas veces. Cíñase a presentar una visión general y deje a un lado páginas y páginas con detalles.
- **Falta de orden lógico:** Los currículos que van «dando saltos» fallan en transparencia; por ejemplo, los currículos que intercalan los estudios y títulos conseguidos con información acerca de la experiencia adquirida durante el empleo. Evite confundir a sus lectores.

- **Falta de personalización:** No utilice el mismo currículo para cada solicitud de empleo que haga. Permita que las maravillas del mundo de los procesadores de texto actuales le ayuden a adaptar su currículo al trabajo que va a solicitar (más información sobre este punto más tarde, durante esta semana).

Sea valiente:
No sea tímido a la hora de realizar cambios radicales en el diseño de su currículo. Aun cuando haya pagado una pequeña fortuna por tenerlo preparado de forma profesional, no dude en modificarlo si advierte que sus metas, logros y sus calificaciones no aparecen de forma clara.

Una imagen útil a tener en su cabeza a la hora de revisar su currículo es pensar en un alto directivo estresado como consecuencia de largas jornadas laborales, al que se le asigna la tarea de abrirse paso entre cientos de solicitudes de empleo con la idea de seleccionar unas cuantas para realizar entrevistas. Sólo para añadir un poco de ambiente, supongamos que nuestro alto directivo ha decidido dejar dicha tarea para el final del día, cuando el flujo de llamadas haya desaparecido pero cuando él no estará en su mejor forma como para prestarle a este asunto una atención completa y exclusiva. Después echará un vistazo a cada solicitud buscando aspectos clave que parezcan interesantes (por ejemplo, un cierto tipo de experiencia). A partir de este vistazo rápido colocará las solicitudes en tres pilas: las que le interesan, las dudosas y las que no tienen posibilidad. Una vez acabado esto, probablemente mirará de nuevo la pila de los «síes» sólo para asegurarse de haber seleccionado a las personas adecuadas. Si la pila de los «síes», reducida de ese modo, coincide con lo que nuestro alto directivo considera un número razonable de personas a llamar para una entrevista, eso será todo cuanto concierne al proceso preliminar de filtrado, es decir, los dudosos se unirán a los no apropiados en la pila rechazada. Sin embargo, si la pila de los «síes» queda un poco corta en número, los candidatos dudosos pueden aspirar a una segunda inspección. ¿Moraleja? Que aunque no todos los procesos de selección de personal se traten de este modo, su currículo tiene que ser capaz de sobrevivir a este tipo de trato. Deberá impactar a nuestro agotado alto directivo a la primera porque, si no lo hace, tiene todas las posibili-

dades de acabar en lugares en los que es improbable que vuelva a ver de nuevo la luz del día.

Antes de abandonar a nuestro alto directivo con sus lecturas nocturnas vale la pena ponderar el hecho de que, una vez haya acabado de confeccionar su listado de entrevistas, puede que redondee la noche llamando a los candidatos que ha seleccionado. Aquí es donde su disponibilidad entra en juego. Aquellos con los que logre contactar serán invitados a la entrevista; con los que no lo logre puede que no tengan otra oportunidad.

Esfuerzo

Uno de los grandes retos a los que se enfrentará en su viaje a través de la jungla laboral es tener la tenacidad de continuar y no dar marcha atrás ante ninguna dificultad que se pueda encontrar. En parte, esto tiene que ver con evitar el desaliento y con mantener sus expectativas intactas. Respecto a esto último:

- No espere ser invitado a una entrevista cada vez que solicite un empleo (esto no sucederá).
- No espere que todo el mundo sea amable con usted.

Seleccionando el segundo punto, las normas de las empresas varían enormemente y no todo el trato que reciba será de su agrado. El error, sin embargo, es permitir que las malas experiencias le dominen hasta convertirse en una fuente de desánimo y una razón para arrojar la toalla de forma prematura.

Empresas que no responden

Volviendo a lo que comentamos ayer, vimos las preocupaciones sobre las empresas que no contestan a las solicitudes de empleo o que no informan a los candidatos del resultado de la entrevista. Vimos, sin embargo, que estas omisiones no son siempre manifestaciones de malos modos, tal y como algunos que buscan trabajo parecen opinar, sino evidencias de organizaciones en agitación o de directivos bajo presión: algo nada extraño en el mundo de los negocios de hoy en día.

¿El mensaje? No se deje herir por empresas que carecen de habilidades comunicativas y, hasta cierto punto, prepárese a aceptar este tipo de trato como norma. Ciertamente, no permita que las normas generales del comportamiento de las empresas se convierta en una razón para abandonar debido a que se siente incapaz de superarlas.

Currículos no solicitados

No espere que nadie responda a currículos no solicitados, aun adjuntando un sobre franqueado con una dirección anotada. Como veremos el viernes, enviar correos a empresas potenciales es un modo excelente de acceder al intangible mercado invisible. La meta, sin embargo, es sembrar semillas, más bien que recoger un buen número de notas educadas de agradecimiento. Juzgue el resultado del envío de sus currículos no solicitados por lo que importa, es decir, por el número de entrevistas interesantes a las que se le invita a asistir.

Prepárese para duros golpes

Aun cuando aprenda a convivir con empresas que no responden a sus solicitudes de empleo, debido a su diversidad, el mundo laboral moderno puede seguir siendo un lugar hostil e impredecible. Espere, por tanto, que su camino hacia el éxito se vea afectado por malas experiencias en entrevistas y por empresas que aparentan no saber lo que hacen. Encuentre vías para endurecerse frente a esos golpes.

¿Algo más?

¿Qué otros preparativos necesita realizar antes de emprender su expedición en la búsqueda de un trabajo?

Tiempo libre en el trabajo

Disponer de la posibilidad de tomarse cierto tiempo libre en el trabajo para asistir a entrevistas es, tal como hemos visto, una parte importante de su disponibilidad, y por ello siempre debería reservar algunos días libres de su cuenta personal de vacaciones.

El consejo va más allá, no obstante. Como parte de su preparación para salir al mercado laboral, deberá prepararse para valorar sus días libres en el trabajo como algo precioso y que no puede ser malgastado. Un ejemplo de tiempo libre perdido es utilizarlo para asistir a entrevistas de trabajos que no le interesarían aun cuando se los ofrecieran. Analizaremos el empleo de este tiempo libre con más detalle, mañana, cuando hablemos del selección de empleos (asegurarse de que los trabajos que solicita son los empleos correctos).

Para la mayoría de nosotros, el tiempo que podemos dejar de ir al trabajo está limitado, incluso las excusas típicas como «me voy al dentista» pueden empezar a quedar agotadas después de haberlas utilizado unas cuantas veces. No todas las empresas estarán dispuestas a realizar entrevistas fuera del horario de oficina y esto, ciertamente, es algo con lo que no debería confiar demasiado.

Deje de fumar

Este es un territorio en el que nos adentramos con cierta inquietud, aunque debemos hacerlo porque la discriminación antitabaco se ha extendido en el mundo laboral; eso quiere decir que si usted es adicto al cigarrillo, existen grandes beneficios en su carrera profesional si logra dejarlo.

«¿Usted fuma?» es una pregunta que sale cada vez más a relucir en las entrevistas y en formularios de solicitud de empleo. Mucho mejor para usted, por tanto, si puede responder con sinceridad que «no».

Consejos a los no fumadores

Si usted no fuma, haga constar ese hecho en su currículum, por ejemplo, en la sección en la que detalle su historial médico. Quien sabe, quizá pueda decantar la balanza cuando se trate de decidir si incluirle o no, en la lista para una entrevista.

Resumen

Preste atención a sólo tres aspectos del moderno mercado laboral:

- Es altamente competitivo: cuanto mejor sea el empleo, más dura será la competencia.
- No siempre será agradable.
- No invertirá mucho tiempo con usted.

La búsqueda de empleo con éxito se basa en la aceptación de estas realidades.

Seleccionando empleos

Hoy vamos a examinar cómo seleccionar empleos. Para hacerlo debe tener claro en su mente exactamente qué clase de empleo está usted buscando. Su programa de hoy es el siguiente:

- La importancia de ser realista: seleccionar empleos que pueda desempeñar y trabajos que el mercado pueda ofrecer razonablemente.
- Estableciendo puntos de referencia: escoger la especificación correcta.
- El problema del sueldo: saber cuándo puede estar pidiendo demasiado poco o mucho.
- La selección de empleos y la transparencia.

Seleccionar un empleo es importante. Es lo que le da a su búsqueda de empleo su sentido de dirección. Por tanto, es un ejercicio que debe realizar antes de embarcarse en su expedición a través de la jungla laboral, pues si no lo hace corre el riesgo de acabar dándose una paliza sin rumbo; para la mayoría de las personas éste es el preludio al abandono.

Objetivos de la selección de empleo

Seleccionar empleos tiene dos objetivos:

- **Reducir el fracaso:** No ser seleccionado para una entrevista o asistir a una y darse cuenta de que no ha pasado al grupo elegido tiene efectos desalentadores y desmoralizadores. Cuanto menos tenga que tratar con estas situaciones, mejor.
- **Reducir el despilfarro de tiempo:** La búsqueda de trabajo conlleva un gasto de tiempo. El tiempo que le dedique debe emplearse de la manera más efectiva.

que fije en su mente algunos *puntos de referencia*.[2] Seleccionar puntos de referencia le servirá para ayudarle cuando llegue el momento de decidir a qué empleos enviará solicitud y cuáles dejará de lado. Le ayudará a tratar con gente como los consultores de selección de personal, que utilizarán sus contactos y su conocimiento para buscar empleos para su beneficio). Además, actúan de modo infalible, asegurándose de que considera los empleos correctos y deja los erróneos a un lado.

El establecimiento de puntos de referencia se puede desglosar de este modo:

El empleo

Esta debería ser la parte sencilla. ¿Qué espera lograr de su búsqueda de empleo? ¿Es una promoción, por ejemplo? Si es así, ¿cuál será el siguiente empleo en su carrera?

El sueldo

Un mayor sueldo, a menudo es la razón por la que las personas buscan un nuevo empleo. El sueldo es engañoso y por ello lo trataremos separadamente (siga leyendo).

El ámbito de trabajo

Su movilidad tiene claramente que ver con el tipo de empleo que va a solicitar. Por ejemplo, ¿es usted una persona

2. *Benchmarks* en el original *(N. del T.)*

completamente global a la que no le importa trabajar en cualquier otro lugar del mundo? o, justo en el otro lado de la balanza, ¿existen compromisos conyugales y/o familiares que le condicionen, de modo que sólo pueda buscar un lugar de trabajo al cual pueda acudir y volver cada día desde su residencia?

El riesgo

¿Estaría usted interesado simplemente en un empleo seguro con una empresa de gran nombre o estaría dispuesto a considerar algo con un poco más de riesgo asociado, por ejemplo, una empresa de nueva creación?

De nuevo, este punto depende mucho de su situación doméstica. ¿Es usted el único miembro de su familia que tiene ingresos, por ejemplo? ¿O tiene su pareja un empleo estable, bien remunerado, que quizá le permita asumir una serie de riesgos?

El horario

Algunos empleos implican trabajar en horarios inhabituales o antisociales. ¿Cómo se sentiría con ello? Por otro lado, ¿está usted simplemente buscando algo a tiempo parcial o un horario que encaje con sus otros compromisos?

Las perspectivas

¿Es esto importante para usted? Si es así, excluiría las empresas en las que sus perspectivas sean limitadas, por ejemplo, empresas muy pequeñas en situaciones de nulo o bajo crecimiento.

¿Algo más?

Lo que queremos encontrar aquí es cualquier cosa que le sea peculiar y que condicione el tipo de empleo al que puede optar. Por ejemplo, ¿padece algún problema médico que le impida trabajar en ciertos sectores o ambientes? Por otro lado, ¿le supondrían sus circunstancias familiares un problema a la hora de pasar noches fuera del hogar?

Por simple que parezca, este ejercicio de establecer puntos de referencia es el que dotará a su búsqueda de empleo de la estructura y de la perspectiva que necesita. Seleccionar empleos, recuerde, consiste en ser selectivo. Esto significa que cualquier empleo que se aleje de sus puntos de referencia es un empleo al que no se presentará. Otro modo de ver esto es que cuanto más centrado esté en su empleo objetivo, mayores opciones tendrá de conseguirlo.

¡AVISO!

No caiga en la trampa de mirar los anuncios y solicitar empleos simplemente porque estén ahí. Si las semanas pasan sin encontrar un empleo que le interese, véalo como una prueba de que su selección de empleo funciona.

El problema del sueldo

El sueldo, como se mencionó hace un momento, constituye un área problemática, básicamente porque puede surgir un conflicto; y surge entre:

• Su estimación de su propio valor.
• Lo que el mercado es capaz de ofrecerle a cualquiera en un momento dado.

Uno de los mayores problemas aquí estriba en que, en las fases iniciales de la búsqueda de empleo, dispondrá de poca o ninguna idea de lo que el mercado ofrece; en resumen, si el nivel de sueldo que tiene usted en mente está por encima, se queda por debajo o se encuentra en algún punto intermedio.

Fuentes de información sobre los sueldos actuales

Al establecer su sueldo objetivo, intente servirse de alguna de estas tres fuentes:

• El mercado visible: los empleos que ve anunciados en periódicos, revistas o en portales de Internet (empleos que solicitan personas con capacidades y experiencia similares a la suya).
• Su red de contactos: contactos en su profesión que puedan proporcionarle alguna información confidencial y valiosa sobre lo que pagan otras empresas.
• Profesionales de selección de personal: en algún momento usted contactará con personas como los consul-

tores de selección de personal, personas cuyo trabajo es, en parte, conocer los sueldos actuales.

A partir de estas fuentes usted será capaz de formarse una idea sobre si la cifra que tiene en mente es realista o no. Por cierto, no desestime la posibilidad de encontrar que no está tan mal pagado después de todo, lo que querrá decir que:

- Si su único motivo para cambiar de empleo es más dinero, quizá deba replanteárselo.
- Si su problema es algo distinto al dinero (por ejemplo, la seguridad, la falta de expectativas), quizá deba contemplar la posibilidad de mantener su nómina actual o incluso verla reducida.

Ajuste final de su objetivo salarial

El ajuste final de su salario objetivo es cosa que se hace basándose en la experiencia. Por ejemplo, si la retroalimentación que recibe de su búsqueda de empleo sugiere que pueda estar pidiendo demasiado, esté preparado para :

- Reducir ligeramente sus objetivos.
- Mantener sus objetivos iniciales, aunque constatando que se está marcando como finalidad sólo un segmento reducido de empleos bien remunerados (marcando objetivos elevados).
- Suspender, después de todo, su búsqueda de empleo.

La selección de empleo y la transparencia

Si volvemos atrás a la lección de ayer, recordará el inciso que hicimos acerca de hacer saber exactamente a las empresas qué se propone y qué pretende alcanzar. Recordará también que el medio principal para esta transparencia y accesibilidad es a través de su currículo.

Ayude a las empresas a detectar las divergencias

Un error común sobre el propósito de un currículum es verlo como un medio para lograr entrevistas. Es importante que su currículum aporte suficiente información sobre usted y sobre sus ambiciones para que las empresas puedan detectar cualquier divergencia entre lo que usted quiere y lo que ellos están dispuestos a ofrecer. Por consiguiente, no corra la tentación de utilizar su currículum para engañar a nadie. Preséntese exactamente como es usted y ayude a las empresas a que valoren si el empleo es el adecuado o no, para usted. Lograr entrevistas no sirve de nada si los empleos son una pérdida de tiempo.

Resumen

La lección de hoy ha tratado sobre cómo darle una dirección adecuada al inicio de su excursión en la jungla laboral, en especial:

- Evitando salir en la búsqueda de objetivos difíciles o inalcanzables.
- Definiendo su selección de empleo correctamente mediante puntos de referencia.
- Escuchando la retroalimentación que reciba del mercado y utilizándola para ajustar su selección de empleo.

Accediendo al mercado visible

El tema de hoy es el acceso al mercado visible –los empleos que se anuncian–. Su programa consiste en lo siguiente:

- Fuentes de empleos en el mercado visible.
- Decidiendo por qué empleos optamos y cuáles abandonamos.
- Tratando con la competencia.

Tenga por seguro que cualquier buen empleo que asome en el mercado visible atraerá a un gran número de solicitantes. El mayor problema al que se enfrenta, por tanto, es el de

la competencia. De algún modo deberá lograr destacar sobre el resto de la multitud.

Fuentes de empleo en el mercado visible

Búsqueda reactiva

La búsqueda reactiva es el término que describe el modo en que usted entra en el mercado visible. La búsqueda reactiva, recuerde, es cuando el estímulo proviene de la parte contratante, normalmente en forma de anuncio. Cómo reaccione usted a dicho estímulo determinará su efectividad a la hora de entrar en el mercado visible.

Para facilitar el tema, hemos clasificado las distintas fuentes de empleo del mercado visible en las siguientes:

• Anuncios en el periódico y revistas.
• Internet.
• Otras fuentes.

Anuncios en periódicos y revistas

Los anuncios en periódicos y revistas son aun en la actualidad una de las formas más populares de contratar personas. «Examinar los anuncios» es, por tanto, una parte importante de la búsqueda de un trabajo. Es por donde la mayoría de nosotros empieza a buscar un nuevo empleo.

La elección del periódico puede ser desconcertante y con la búsqueda de empleo en mente, a veces es difícil saber cuáles seleccionar.

Periódicos locales. Estos varían mucho en la calidad de las ofertas de empleo que anuncian pero, en conjunto, son lecturas imprescindibles desde el punto de vista de los que buscan empleo. Los periódicos locales acostumbran a tener suplementos con ofertas de empleo en los que se anuncian trabajos en ciertos campos (por ejemplo, ofertas de empleo de ingenieros o técnicos).

¿Sabía usted que?

Si está buscando un empleo fuera de su área, puede gestionar que le envíen una copia del periódico local mediante suscripción. Simplemente llame al departamento de suscripciones y al mismo tiempo pregúnteles si hay alguna edición en concreto en la que el periódico contenga ofertas de empleo (a fin de saber qué edición debe solicitar).

Periódicos de tirada nacional. Algunos periódicos de tirada nacional tienen una fuerte penetración en ciertos sectores del mercado (por ejemplo, en Inglaterra, el *Daily Telegraph* tiene una larga relación de empleos en el área de Ventas). Aparte de éste, escoja una selección de periódicos de tirada nacional de su país y observe los cambios de vez en cuando. Haga lo mismo con los suplementos dominicales.

¡AVISO!

No intente examinar los anuncios de todos los periódicos. No dispone de tanto tiempo.

Revistas. Las revistas y semanarios que insertan anuncios de empleo se dividen en dos grupos:

- Revistas publicadas por asociaciones de profesionales.
- Revistas comerciales del tipo que circulan en ciertos sectores.

¿Un juicio sobre las revistas?

Puntos a favor: buenas en lo que respecta a empleos muy específicos (algunas revistas publicadas por asociaciones de profesionales son consideradas como las mejores fuentes de empleo en sus correspondientes campos).
Puntos en contra: tienden a ser publicaciones nacionales o internacionales, lo que supone que los empleos estarán «en cualquier lugar y en cualquier país» (un aspecto poco atractivo para aquellos que están buscando un empleo en un área específica).

Internet. Cada vez más las empresas utilizan Internet para buscar empleados; de hecho, puede llegar un día en que todo proceso de contratación se haga *on-line*.

Las páginas de búsqueda de empleo en la Red se dividen en dos tipos:

• Sitios *web* dedicados: estos son, por decirlo así, los equivalentes en Internet de las agencias de empleo a las que las empresas pagan para que sus ofertas de empleo se publiquen en la bolsa de trabajo.
• Los páginas de las propias empresas: que utilizan sus propias páginas en Internet para anunciar ofertas de empleo (en su mayoría, estas son grandes empresas con marcas muy conocidas).

Utilizando Internet como fuente de empleo

Pese a ser un método establecido de contratación de personal en algunos sectores (por ejemplo, licenciados, empleos relacionados con las nuevas tecnologías), Internet es aún una novedad en lo que respecta a la mayoría de ofertas de trabajo. Por consiguiente, no confíe exclusivamente en la Red, como algunos que buscan empleo se han visto tentados a hacer en su entusiasmo por adoptar las nuevas tecnologías. En cambio, vea Internet como otro método de acceso al mercado visible. En otras palabras, considérelo como un modo de complementar sus métodos de búsqueda reactiva.

Otras fuentes

Anuncios en la radio, anuncios en pantallas electrónicas situadas en lugares públicos, anuncios en cartas publicadas por las oficinas locales de asociaciones profesionales; los métodos utilizados por las empresas para atraer a los que buscan empleo son prácticamente infinitos. El mensaje es: Fíjese bien y esté alerta.

Decidiendo por qué empleos optamos

Ante cualquier oferta de trabajo de la que obtenga información, la primera decisión que debe tomar es si se presentará a ese puesto de trabajo, o no. Aquí es donde usted tiene que revisar sus puntos de referencia. ¿Encaja ese trabajo con su especificación, o no? Si lo hace, se le enciende la luz verde para seguir adelante. Si no, del mismo modo una señal roja le avisa de que no siga adelante.

¡AVISO!

Equivocándose al solicitar empleo
Nunca considere inevitable que tiene que presentarse a cada uno de los empleos de los que ha obtenido información: en realidad, equivocarse al solicitar un empleo está lleno de problemas:

• Puede encontrarse desperdiciando un tiempo libre precioso en entrevistas sin sentido.
• Las empresas pueden, por lo general, fijarse en los aspectos que no encajan, de modo que las solicitudes de empleo erróneas suelen ser los trabajos que uno no logra.
• Anotarse rechazos como estos suele llevar al desánimo.
• La experiencia puede inducirle a error; por ejemplo, si solicita muchos empleos mal pagados puede que se forme la impresión (errónea) de que la norma es un sueldo bajo.
• Lo peor de todo puede que se encuentre en un trabajo erróneo.

Anuncios sin sueldo

Ser selectivo con los trabajos a los que uno se presenta mediante cotejos con nuestros puntos de referencia está muy bien, pero un problema con el que frecuentemente se enfrentará es la oferta que no hace ninguna mención del sueldo, aparte de un galimatías de palabras sin sentido tales como «negociable», «según las responsabilidades». El trabajo nos gusta, pero sin ninguna referencia sobre el sueldo, ¿cómo sabe si vale la pena o no, presentarse?

Todos sabemos que el sueldo es un área difícil velada por la bruma del secreto. ¿Por qué no especifican las empresas el salario en el anuncio? En la mayoría de los casos la razón será una de las siguientes:

- Confidencialidad (no quieren que la gente, en general, sepa qué sueldos pagan).
- Sus salarios son bajos y no les gusta pregonarlo.
- Están tanteando el terreno (quieren ver primero cuánto gana usted y así decidir si pueden asumir ese sueldo, o no).

¿Cómo tratar con anuncios sin sueldo?

Enfrentados a ello, un enfoque práctico del problema parece que sea llamar y preguntar. Usted no quiere malgastar el tiempo de nadie, de modo que antes de enviar su solicitud, ¿podrían darle una idea aproximada de la cifra que tienen en mente? Por muy práctico que nos parezca, los casos de los que se tiene conocimiento de que este enfoque funcione son más bien escasos. A menudo, lo que obtiene son muchas respuestas reservadas que no le permiten progresar demasiado.

Haga transparentes sus expectativas de sueldo

Volviendo a la lección del martes, enfatizamos la importancia de dejar totalmente claro a las empresas de dónde procede usted y qué intenta lograr. En el caso del sueldo, esto significa dos cosas:

- Su salario actual.
- El nivel de ingresos al que aspira.

Esta información es la que necesita que figure de modo prominente en su currículo y se mencione de nuevo en las cartas que usted envíe solicitando el empleo. Debido a la confidencialidad y sensibilidad que rodean el tema del sueldo y también a los problemas, en especial, que surgen de anuncios sin sueldo, este tipo de transparencia actúa como un sistema infalible para garantizar que su solicitud no siga adelante si las ideas sobre emolumentos por parte de la empresa no encajan con las suyas. En resumen, trate con los anuncios sin sueldo como sigue:

- Primero compruebe que se cumplen todos sus otros puntos de referencia.
- Revise su currículo y asegúrese de que nadie que lo leyera obtuviera una idea equivocada sobre sus aspiraciones salariales.
- Adjunte una carta de acompañamiento que tenga la misma transparencia.
- Envíe la solicitud y espere a ver qué ocurre.

¡AVISO!

Existe una pega en el enfoque anterior y es la siguiente: La mayoría de las empresas no estarán dispuestas a decirle que no pueden pagarle lo que pretende, así que lo más probable, si el sueldo previsto cae por debajo de sus pretensiones, es que reciba una carta con la respuesta estándar: «Lo sentimos, pero no nos interesa. Gracias.» Puesto que las cartas «*Lo sentimos, pero no nos interesa. Gracias*» son una fuente de desánimo, cuando conteste a anuncios en los que no figura ningún sueldo, usted ha de preparar sus expectativas. Si no prospera, dígase a sí mismo que existe una elevada posibilidad de que la culpa la tenga el trabajo, no usted. Esto forma parte de que sus expectativas se alineen con lo que hablamos ayer al tratar el tema de la solicitud de empleo.

Lea correctamente los anuncios

Asegurarse de que los empleos encajan con sus objetivos de referencia suena bastante fácil, por eso ¿por qué tanta gente se equivoca? La razón, en muchos casos, es que no leemos el anuncio correctamente, o más bien, lo leemos de un modo tan selectivo que, conscientemente o no, ignoramos:

- Requisitos que nos convierten en inadecuados, por ejemplo, «los candidatos deben hablar fluidamente el chino mandarín».

• Condiciones del trabajo que entran en conflicto con nuestros objetivos, por ejemplo, «el trabajo puede implicar horarios nocturnos, incluyendo los fines de semana».

Esta supresión de las cosas que no queremos ver ocurre normalmente cuando el trabajo es bueno, por lo general uno en el que un buen sueldo está en juego. Ilusionados por enviar la solicitud, omitimos leer cuidadosamente la letra pequeña o vemos ese detalle que desentona en nuestra mente, pero decidimos probar a pesar de todo.

Lea los anuncios con atención. A las empresas normalmente les cuesta mucho preparar ese anuncio a fin de que los candidatos inadecuados no les envíen solicitudes. Están tan preocupados como usted en que nadie malgaste su tiempo.

Tratando con la competencia

Entrar en contacto con el mercado visible significa enfrentarse a la competencia. La cantidad de competencia con la que tendrá que tratar depende principalmente de dos factores:

- Cuán bueno sea el puesto de trabajo.
- Cuán ampliamente se haya anunciado.

Cuando hay mucha competencia, estar cualificado para ese empleo no le garantiza que logrará una entrevista. Lo que también necesita asegurar es que:

- Su nivel de adecuación sea evidente en una lectura rápida de su currículo (su transparencia).
- Puedan contactar con usted discretamente y sin problemas (su disponibilidad).
- Sus puntos fuertes se presenten de modo prominente (supertransparencia).

Tratamos con las dos primeras ideas el martes. Veamos ahora la tercera.

Presentando sus puntos fuertes

Los puntos fuertes significan los puntos básicos con respecto a una solicitud de empleo en particular. No significan lo que usted considera como sus puntos fuertes en general. Por ejemplo, usted puede tener mucha experiencia interesante en manejar un *software* de una determinada marca de CAD[3] pero eso dejará indiferente a una empresa que utiliza un *software* totalmente distinto. La idea aquí es que tiene que

3. Computer Aided Design.

considerar cada solicitud de empleo como un nuevo desafío. Hablaremos más sobre esto a medida que avancemos.

Los puntos fuertes son aquellos en los que encaja lo que la empresa está buscando con lo que usted puede ofrecer. Un punto fuerte puede ser que esté cualificado en una especialidad en particular. Alternativamente, pudiera ser su experiencia con cierta técnica o que está completamente acostumbrado a vivir fuera, de viaje por meses. Las claves a este encaje pueden hallarse en el mismo anuncio, en lo que las empresas dicen sobre sí mismas y en lo que ven como atributos deseables en los candidatos (otra razón por la que debe cerciorarse de leer los anuncios apropiadamente).

Presentando de modo prominente sus puntos fuertes

En la etapa de solicitud dispondrá de tres modos de atraer la atención de la empresa sobre sus puntos fuertes:

• En su currículo.
• En las cartas de acompañamiento que presente.
• En los impresos de solicitud que rellene.

Utilice los términos de la empresa. Esta es una de las reglas de oro para que capten sus puntos fuertes. En un mundo donde hay cada vez un mayor empleo de jerga especializada y de términos que están de moda, existe un peligro muy real

de que no se tenga en cuenta el punto fuerte que usted quiere presentar, debido a que no se entiende o no se aprecia completamente. Una manera de evitarlo es dejando a un lado sus propias preferencias y utilizar siempre los mismos términos y la jerga de la empresa (las mismas palabras que figuran en el anuncio).

¿Sabía que?

Una revisión preliminar de los currículos se hace a veces por ordenador, lo que significa que su solicitud pudiera acabar en la papelera sin haberla visto ningún ojo humano. Lo que hace el programa de escaneado de currículos es buscar si lo que figura en el suyo se ajusta a la especificación del puesto de trabajo. Esto lo hace identificando ciertas palabras y frases clave, todo lo cual le añade más importancia a la terminología que utilice.

Personalice su currículo. Esto no tendría que ser ningún problema si usted se guarda una copia de su currículo en un disco. Luego lo ve en la pantalla y lo edita cada vez. Lo que pretende lograr ahora es presentar sus puntos fuertes con prominencia sin romper la regla de mantener su currículo breve y conciso. Tenga en cuenta, sin embargo, que esto puede significar borrar alguna parte de información que le guste, a fin de ganar el espacio necesario. Consuélese pensando que ese punto fuerte tendrá mucha más importancia a la hora de decidir si será elegido o no, para una entrevista.

Cartas de acompañamiento. La carta que envía acompañando al currículo es otro medio donde presentar sus puntos fuertes. No se preocupe porque repita lo mismo que figura en su currículo.

Impresos de solicitud. La mayoría de empresas tienen impresos de solicitud estándar y lo más probable es que le pidan que cumplimente uno en las primeras etapas del proceso de selección, es decir, antes de que sepa si le conceden o no, una entrevista.

Los impresos de solicitud de empleo suelen disponer de una sección titulada «Añada cualquier otro tipo de información que desee para apoyar su solicitud». Sírvase de secciones como esta para subrayar sus puntos fuertes.

¡AVISO!

Como regla general, la gente no dedica la atención suficiente a rellenar los impresos de solicitud. Los escriben corriendo y esto es un error. Recuerde la próxima vez que rellene uno, que probablemente merecerá una lectura más cuidadosa que el currículum, en el que invirtió muchas horas preparándolo.

Siga las instrucciones

Al pie de cualquier anuncio encontrará instrucciones sobre cómo presentar su solicitud. Estas instrucciones normalmente incluyen:

- El nombre y/o el título de la persona a quien debe remitir su solicitud.
- El impreso en el que hay que presentar la solicitud, por ejemplo, un currículo actualizado junto con una carta de acompañamiento.
- La referencia que usted debe mencionar.

• La fecha de cierre de recepción de solicitudes.
• La manera en que hay que presentar la solicitud: por correo, fax, *e-mail,* o quizá tenga que llamar por teléfono y pedir que le faciliten un impreso oficial.

Lo que es importante de estas instrucciones es que las siga a rajatabla y no las reemplace por lo que le parezca que «es mejor». A medida que aumenta el número de gente que busca empleo y de empresas que intentan reclutar más de un candidato al mismo tiempo, existe siempre el peligro de que se pierdan solicitudes o se pongan en la pila equivocada. No es necesario decir que no logrará un buen papel enfrentándose a la competencia si no está allí para hacerlo.

No lo deje para más tarde

Aunque no haya ninguna fecha de cierre de recepción, no se quede dormido cuando acceda al mercado visible. Recuerde: el mundo no va a estar esperándole mientras usted encuentra tiempo para dar los toques finales a su currículo o cuando otras distracciones son para usted más importantes. El esfuerzo, otro de los tres principios, es aquí el lema. Muévase.

Consultores de selección de personal

Finalmente hay que reconocer hoy en día el hecho de que muchos de los puestos de trabajo del mercado visible son anunciados por empresas de consultores de selección. Esto refleja:

- La necesidad de la empresa de mantener su identidad confidencial (eso no evidencia necesariamente que vayan a despedir a alguien).
- La necesidad de un tipo de experiencia que la empresa no tiene (experiencia que los consultores pueden ofrecer).

Cuide el empleo que tiene

Al tratar con anuncios de consultores de selección, ¿existe el peligro de que uno se encuentre solicitando el trabajo que ahora tiene?
Aunque esto pueda parecer una posibilidad extremadamente remota, lo que quizá sea más preocupante es que la solicitud que envió a Boggis & Associates, Consultores de Selección, pueda caer en

manos equivocadas, es decir, en las manos de su jefe. No saber la identidad de la empresa que está detrás del anuncio es un motivo de preocupación para mucha gente. ¿Pudiera ser, por ejemplo, una empresa que está en el mismo sector que la suya? Las empresas de selección a veces ofrecen un servicio confidencial de respuestas destinado a que especifique a qué empresas no quiere enviar su solicitud. Si esto no existe, llame a los consultores y pregúnteles de qué modo podrían solventar sus preocupaciones. Si le dejan aún preocupado quizá lo mejor sea pasar de esa oferta de trabajo. Al buscar trabajo, su prioridad número uno es cuidar el empleo que tiene y nunca arriesgarlo.

Resumen

Buscar trabajo con éxito en el mercado visible implica enfrentarse y derrotar a la competencia. Enfóquese en este hecho y entre en el mercado visible con sus armas más potentes: sus puntos fuertes

Penetrar en el mercado invisible

¿Es cierto que los mejores empleos nunca se anuncian? Hoy examinaremos el llamado mercado invisible. Su programa será el siguiente:

Accediendo al mercado invisible

- Por qué existe el mercado invisible.
- Llamada en frío.
- *Mailings*.
- Contactos profesionales.
- Registro en consultorías de selección.
- Expresiones de interés.

Así como la búsqueda de trabajo en el mercado visible requiere tener que enfrentarse y derrotar a la competencia, el mercado invisible es totalmente distinto. Aquí el desafío está en acceder al mercado. ¿A dónde debe uno ir para descubrir esos empleos que no se anuncian? ¿Cómo empezar la búsqueda?

Por qué existe el mercado invisible

Volviendo a la lección del lunes, seleccionamos algunas razones que justifican el crecimiento del mercado invisible. Vamos a extender esa lista para facilitarle una amplia visión de por qué existe el mercado invisible:

- El coste de los anuncios: la inversión de grandes sumas de dinero sin ninguna garantía de que el resultado sea un éxito.
- Los recursos y la experiencia necesarios para dar una respuesta adecuada a los anuncios: recursos y experiencia de los anuncios que las empresas puede que no dispongan.
- El temor de tomar unas decisiones de selección equivocadas, unido a la perspectiva futura de las empresas de enfrentarse a querellas por parte de gente a la que han despedido.
- El impacto de la escasez de capacidades en el proceso de selección. El punto de vista común de que «los anuncios no funcionan».
- Malas experiencias con los anuncios, un impacto doble si tenemos en cuenta el coste.

• La prisa de las empresas. En una época dirigida por la tecnología, la tendencia es considerar algo que sea lento y pesado como intrínsecamente malo.

Métodos del mercado invisible

Enfrentados a este escenario, cada vez son más las empresas que adoptan métodos alternativos de contratación, en especial:

• Consultores de selección (agencias): gente que, por regla general, está preparada para trabajar en base a «no se cobra si no se contrata a alguien» y que son capaces de aportar una lista reducida de candidatos en un plazo de entre 24 y 48 horas.
• Contactos: dando la voz en el sector o bien a individuos seleccionados (por ejemplo, gente que trabaja en la competencia).
• Revisando currículos que tenían archivados.
• Utilizando empresas de contratación de directivos.

Accediendo al mercado invisible

Examinemos ahora qué necesita para acceder a este mercado invisible, vibrante y en expansión.

Búsqueda proactiva

¿Se acuerda de la búsqueda proactiva? La búsqueda proactiva es la clave para informarse sobre los empleos que no se anuncian. Es aquella en la que usted aporta el estímulo.

Llamada en frío

Esta es una manera muy obvia de descubrir si las empresas tienen algunas vacantes de las que no están informando al mundo: simplemente llamar y preguntarles.

Hay un método correcto y uno incorrecto de llamar en frío. El método incorrecto es llamar a la empresa una vez, dejar su nombre, número de teléfono y algunos detalles personales, y luego dejar el tema esperando que se acordarán de usted la próxima vez que tengan una vacante disponible.

Una foto instantánea. Como mucho, una llamada en frío revela una foto de qué hay disponible en una empresa en un momento dado. No espere más de eso y no se desilusionará. Por ejemplo, la probabilidad de que la persona con quien habló se acuerde de usted tres meses después, cuando surja una vacante, es extremadamente remota. El trozo de papel donde anotó su nombre habrá ya desaparecido desde hace tiempo.

Un modelo de la llamada en frío. Si se hace de manera sistemática, la llamada en frío puede ser una manera efectiva de acceder al mercado invisible. Veamos lo que tiene que hacer:

- Empiece seleccionando las empresas adecuadas: aquellas que es probable que tengan el tipo de ofertas de empleo que usted ha seleccionado. De algún modo, esta es una suposición inspirada, pero a veces podemos obtener claves para seleccionar empresas adecuadas de leer anuncios de empleos; por ejemplo, empresas que seleccionan mucho personal.
- Obtenga el nombre de la persona con quien debe hablar; por ejemplo, si usted es contable pida el nombre del director financiero. Que no le engatusen con el nombre del director de recursos humanos, aunque ese fuera el canal normal por el que debieran ir los que solicitan empleo.
- Sea breve. Recuerde que las llamadas en frío pueden ser muy irritantes, en especial para alguien que está ocupado. Mencione simplemente quién es usted, qué pretende y si hay algo adecuado para usted en ese momento.
- Si tuvo suerte en su intento, mantenga el nivel. Sugiera una entrevista y plantéela de inmediato, es decir, sírvase al máximo de su disponibilidad.
- De modo alternativo, si descubre que no hay nada disponible, siendo consistente con su idea de no abusar del tiempo concedido, intente descubrir si alguna vez esa empresa ha tenido el tipo de oportunidades que usted pretende. Esto, por decirlo así, es su investigación de mercado.
- Termine la llamada dando las gracias. Deje la puerta abierta para llamar en otra ocasión.
- Mantenga un registro de las llamadas que incluya el nombre de la persona con quien habló y cualquier información que consideró relevante.

- Dé a cada llamada una puntuación de 0 a 5. Sus «5» serán llamadas con retroalimentación positiva (empresas con las que vale la pena contactar de vez en cuando). Sus «2» y «3» serán aquellas que tienen una demanda ocasional de talentos como el suyo. Ponga un «0» cuando no encaja nada o las empresas le hicieron pasar un mal rato. No malgaste sus esfuerzos con ellos.
- Planifique un ciclo de llamadas. Por ejemplo, haga una llamada a los «5» cada dos meses, mientras que a los «2» y «3», probablemente no tenga que llamarles tan a menudo.
- Preste atención a revisar sus calificaciones (hacia arriba o hacia abajo). Cada llamada le revela algo más de qué se trata.

¡AVISO!

Llamar en frío a las empresas demasiado a menudo logra más bien poco, la foto de la empresa es aún la misma y corre el riesgo de que se le vea como un indeseable.

Las llamadas en frío sistemáticas y bien dirigidas al final dan resultado. El número de empresas a las que llama se reduce mientras que el objetivo se hace cada vez más claro y definido. Más pronto o más tarde, la probabilidad estadística reemplaza a la mera suerte y usted empieza a contactar con buenos empleos. Aquí los lemas son paciencia y persistencia (todo forma parte del proceso de solicitud).

La llamada en frío constituye un buen método para descubrir las vacantes antes de que se anuncien o se entreguen a consultores de selección, un motivo para llegar antes de que lo haga la competencia.

Mailings

Enviar su currículo a las empresas que pueden ofrecerle trabajo es otro posible método de acceder al mercado invisible. De nuevo, existe un método correcto y uno incorrecto de hacerlo.

No espere respuesta: Si las empresas deben hacer o no, un acuse de recibo de todos los currículos que reciben es objeto de debate. El hecho de que muchas no lo hacen, sin embargo, es cosa con la que usted tendrá que aprender a convivir: un aspecto que ya tocamos antes.

Enfóquese en el objetivo: En lugar de sentirse herido por cuestiones sin importancia, tales como cuántas cartas de acuse de recibo consigue, concéntrese en lo que importa realmente, que es:

• Que sus cartas tengan suerte y caigan en el despacho adecuado en el momento adecuado.
• Si eso no ocurre, que sus cartas tengan un impacto suficiente como para llegar al archivo adecuado (el archivo que se revisa cuando surgen vacantes como la que usted pretende).

Rediseñe su currículo: Ayer, cuando hablamos de cómo acceder al mercado visible pusimos mucho énfasis en personalizar su currículo y en particular, en destacar sus puntos fuertes en función de cada solicitud. En el mercado invisible esto no es tan fácil porque no hay ningún anuncio que mirar en busca de claves sobre qué poner y qué eliminar. ¿La respuesta? Utilice su imaginación e intente personalizar cada currículo que envíe sin haber sido solicitado pensando en qué debe estar buscando la empresa.

Ejemplo

Si busca un cargo de dirección general y envía una carta a una pequeña empresa, quizá necesite destacar su experiencia en dirigir pequeños equipos o su enfoque práctico, o sus capacidades en todas las áreas de la empresa. Al revés, la experiencia que haya adquirido dirigiendo operaciones en varias plantas no tendrá demasiada relevancia aquí, y, por tanto, debería relegarse a un lugar menos prominente.

Dos aspectos importantes a la hora de personalizar currículo:

- Imprima una segunda copia (que puede mantener en su archivo, de modo que tenga un registro sobre lo que usted ha dicho en caso de que le inviten a una entrevista).

• No olvide hacerlo porque las empresas reciben cientos de currículos no solicitados y automáticamente envían a la papelera los que no están en la misma sintonía.

Un modelo de enfoque para los mailings. Si quiere que los *mailings* le funcionen, necesita hacer esto:

• De nuevo, identificar a las empresas adecuadas; son empresas que es probable que tengan el tipo de oportunidades que encajan con su objetivo.
• Llame por teléfono antes de enviar nada por correo. El objeto de hacerlo es obtener el nombre de la persona en la empresa que sería responsable de contratar a gente como usted, es decir, quien toma la decisión. De nuevo, no se deje engatusar por el nombre del Director de recursos humanos. Los Directores de recursos humanos no son los que toman las decisiones (a menos que busque un trabajo en el área de recursos humanos, claro).

- Adjunte una carta de acompañamiento a su currículo.
Debe ser breve y simple: quién es usted, qué se propone
y qué pretende lograr. Debe servir como un aperitivo al
plato principal: su currículo.
- Marque el sobre como «Confidencial». Es el mejor seguro para garantizar que su currículo será leído por la
persona adecuada.

Envío de faxes y e-mails

Una alternativa a enviar su currículo por correo es remi-
tirlo por fax o *e-mail*. ¿Qué es lo mejor?

Regrese a sus objetivos. Una vez que su currículo haya
pasado por un test de lectura preliminar, dado que no hay
vacantes adecuadas en ese momento, lo que usted quiere
asegurar es que:

- Su currículo se archive.
- Cuando se rescate del archivo, esté en un estado más o
menos impecable.

Con respecto al segundo punto, el papel de fax no encaja
demasiado bien, mientras que con los *e-mails* tenemos el riesgo de que no se impriman, lo que significaría que fallaría en el
primer punto. A riesgo de parecer prehistóricos, la conclusión
es, a menos que tenga razones muy importantes para hacerlo
de otro modo, que envíe su currículo no solicitado por correo.

Almacenamiento informático de currículo. Un currículo
enviado por *e-mail* parecería ser el ganador sin problemas
donde la práctica sea almacenar detalles de candidatos que parecen interesantes en una base de datos informática. Sin em-

bargo, uno de los problemas a los que se enfrenta es saber qué empresas lo hacen y cuáles no. Puesto que usted enviará sus currículos a los nombres de directivos individuales en lugar de hacerlo al departamento de personal o de recursos humanos (donde tienden a estar esos sistemas basados en ordenadores) sigue siendo válido el consejo de «envíelo por correo».

Mantenga el control

Enviar sus currículos especulativos por correo, en lugar de enviarlos por fax o por *e-mail* es un buen ejemplo de **mantener el control,** de jugar un papel activo en lugar de pasivo, asegurando que su búsqueda de trabajo avanza a conclusiones con éxito; de facilitar el proceso tanto como le sea posible, en lugar de dejarlo a merced de la suerte o de cómo se sienta ese día un directivo bajo presión. Mantener el control tiene una importancia en particular cuando se accede al mercado invisible. Veremos esto con más detalle a medida que avancemos.

Contactos profesionales

Los contactos profesionales son otra manera de acceder al mercado invisible –utilizar su círculo de contactos en el sector como una fuente de oportunidades de empleo adecuado–, algo en lo que la mayoría de la gente piensa cuando se quedan sin trabajo o sus empleos están en peligro.

¿Sabía usted?

La mayoría de la gente encuentra trabajo mediante contactos profesionales, superando a cualquier otro método.

Los contactos están disponibles para todo el mundo. Un error habitual es que los contactos están sólo disponibles para los oportunidades o para tipos con personalidad extrovertida. Nada más alejado de la verdad. Cualquiera, en su profesión, tiene su red de contactos profesionales. Por lo general consiste en:

- Compañeros de trabajo, pasados y presentes: jefes, colegas y subordinados.
- Otras personas con las que entró en contacto durante el trabajo, por ejemplo, clientes, proveedores, empresas externas de servicios.
- Gente a la que conoce mediante su colegio profesional; por ejemplo, la sede local del Colegio de Economistas.
- Gente a la que conoció asistiendo a cursos o durante sus estudios, gente con empleo en sectores similares al suyo.

¡AVISO!

Oídos equivocados

Teniendo en cuenta lo pequeño que es el mundo en el que nos movemos, la búsqueda de trabajo mediante contactos profesionales conlleva el riesgo de que nuestras ambiciones de cambiar de empleo lleguen a oídos equivocados. Considere el caso de Leonardo. Es un Jefe de ventas en el sector de telecomunicaciones. Intenta aprovechar sus contactos en la competencia para descubrir qué empleos están disponibles, pero por desgracia, eso llega a oídos de su jefe. ¿Resultado? Leonardo se ha metido en serios problemas.

La lección, aquí, es que sólo debe contactar con gente en la que pueda confiar –gente en la que pueda confiar que velará por sus intereses y que no le comprometerá debido a que se entregan al chismorreo–. Al revés, evite a todos los que no satisfacen ese criterio.

Un modelo para los contactos profesionales. La clave para lograr el éxito es *mantener el control*.

- No utilice su red de contactos profesionales como caja de resonancia para sus quejas y lamentos. Eso transmitiría un mensaje totalmente erróneo, por ejemplo, que sólo busca una vía de escape para salvar sus dificultades actuales, que cualquier empleo causaría.
- En lugar de eso, asegúrese de que los mensajes que transmita a su red de contactos sean *mensajes completos*. Dé referencias sobre el tipo de trabajo que busca, incluyendo el sueldo.
- Fije el marco de referencia diciendo a sus contactos cuán lejos está que quiera que ellos actúen por usted. Normalmente sería que lograran una entrevista. Es decir, debería dejar claro que le dejaran a usted cualquier negociación en detalle (siempre es mejor hacerlo de primera mano).
- Enfatice la confidencialidad. Deje claras las reglas: que usted no quiere comentarios con terceros sin su conocimiento y consentimiento previos.

Registro en consultorías de selección

Una gran parte del mercado invisible está manejado por empresas de consultoría de selección (agencias de colocación). Los consultores de selección mantienen los datos de los candidatos en ficheros a los que las empresas interesadas pueden acceder rápidamente. Veamos a continuación dos empresas que eligen utilizan consultores de selección por diferentes motivos:

Ejemplo: Empresa D

El Director de sistemas de Información de la empresa presentó su renuncia de modo inesperado a mitad de un gran proyecto. Sin ningún candidato interno que pudiera reemplazarlo, la empresa se vio forzada a contratar a alguien del exterior. El galimatías de colocar anuncios no le iba bien a la empresa debido al tiempo que tardaría. Por lo tanto, la empresa decidió cubrir la vacante mediante un par de empresas de consultores de selección, especialistas en personal de sistemas de información, para ver si tenían a alguien en sus archivos que encajara con el perfil.

Ejemplo: Empresa E

El recién ascendido Director de contabilidad ha resultado ser un fracaso total. La empresa ha decidido que tiene que volver a su antigua posición en un futuro próximo. Sin embargo, antes de que le mencionen este asunto, creen que necesitarían saber si alguien más cualificado está disponible en el mercado. Una manera rápida y confidencial de comprobarlo fue pedirle a una empresa líder en consultoría de selección que les facilitara los datos de los candidatos que tuvieran en sus registros con ese perfil.

Si no hay contrato, no se pagan honorarios

Además de la rapidez, la mayoría de empresas de consultoría de selección ofrecen sus servicios sobre la base de que si no hay contrato, no se les abonan honorarios. Esto significa que las empresas D y E pueden examinar quién está disponible sin que les cueste nada.

Escoja los consultores adecuados. Al elegir las empresas de consultoría en las que registrarse, descubrirá normalmente que se enfrenta a una selección apabullante. Necesita aplicar los criterios siguientes:

- Los consultores deben tratar con el tipo de empleo que usted ha seleccionado. Por ejemplo, si está buscando un cargo de directivo en el sector de la construcción, no tiene sentido registrarse en una empresa de consultoría que trata principalmente con personal administrativo en general.
- Necesitan ser efectivos, lo que refleja, en parte, su base de clientes y su eficiencia en general. (Con empresas de consultoría de selección, ¡la efectividad nunca debería darse por supuesto!)

Haga su investigación sobre la empresa de consultores de selección más adecuada del modo siguiente:

- *Busque recomendaciones personales.* Por ejemplo, ¿ha tenido alguien de su red de contactos profesionales alguna experiencia reciente tratando con una empresa de consultoría de selección? Si es así, ¿qué información le pueden transmitir?
- *Compruebe los directorios de teléfonos de empresas.* Los consultores de selección, a menudo publican anuncios explicando a qué se dedican.
- *Examine los anuncios de empleo.* Los consultores de selección frecuentemente tienen anuncios de vacantes que les han solicitado. Al leer esos anuncios durante un período de tiempo es probable identificar qué consulto-

res están activos en las áreas de mercado que usted ha seleccionado.

• *Pregunte*. Si tiene alguna duda, llame a las empresas de consultoría, deles una breve explicación sobre el trabajo que está buscando y pregúnteles si pueden ayudarle.

¡AVISO!

No se registre en demasiadas empresas de selección porque eso puede ocasionarle dos problemas:

• Demasiadas peticiones de entrevistas (más de lo que su disponibilidad puede aguantar).
• Dos o más empresas de consultores, presentándole el mismo empleo (esto puede fastidiarle incluso antes de que empiece).

Registrándose con consultores. Registrarse implica, por lo general rellenar un impreso, asistir a una entrevista y posiblemente pasar por algún tipo de test. Algunas empresas ofrecen la oportunidad de registrarse vía Internet. Esto incluye a la nueva generación de consultores de selección de empleo por Internet. Una vez que se haya registrado en una empresa de consultoría podrán utilizar sus contactos y *know-how* para descubrir el tipo de trabajo que está buscando.

Manteniendo el control. De nuevo, ¡las mismas palabras mágicas! Mantener el control es la clave para el éxito al tratar con consultores de selección. Mantener el control significa:

- Asegurarse desde el principio de que comprenden qué se propone, es decir, tratar por todos los medios de explicar sus objetivos, sus puntos de referencia y de que no haya la menor duda.
- Asegúrese de que sepan cómo contactar con usted.

Los consultores de selección viven en un mundo muy dinámico donde tienen que lograr obtener resultados para sus clientes y para sí mismos (muchos cobran en base a comisiones). No es necesario decir, entonces, que a esos consultores no les convencen nada los candidatos que sean difíciles de contactar.

- Telefonee a los consultores de vez en cuando para saber cómo avanzan. No sólo les recordará que usted sigue ahí, sino que puede que obtenga alguna información interesante (como, por ejemplo, si el sueldo que pide es demasiado alto). Aguce el oído para obtener *feed-back*. Recuerde que la información es lo que necesita utilizar para ajustar sus objetivos de referencia.
- Muy importante: informe a los consultores de cualquier cambio relacionado con usted, por ejemplo, si cambia de número de teléfono o si decide reducir el nivel de referencia de sus pretensiones económicas.
- Deshágase de los consultores que no muestren un nivel satisfactorio, en especial de aquellos que malgastan su tiempo ofreciéndole trabajos que no encajan en absoluto con usted.

Resumen

Una búsqueda de trabajo con éxito requiere indagar en dos mercados –el visible y el invisible–. Muchos candidatos se pierden este último porque les parece inaccesible. Como resultado, se pierden muchas fuentes, es decir, no descubren la extensión total del mercado que existe para sus capacidades.

Hoy hemos estado examinando maneras de penetrar en el mercado invisible y su gran potencial, mediante la utilización de técnicas de búsqueda proactivas. La recompensa es acceder a empleos en los que suele haber poca o ninguna competencia (usted llegó el primero). Esto, a su vez, significa:

- Más probabilidades de obtener el empleo.
- Más flexibilidad a la hora de negociar asuntos, como el salario y ventajas sociales.

Cómo lograr que nos contacte una empresa de búsqueda de directivos

¿Qué hay sobre que nos contacte una empresa de búsqueda de directivos? Hoy vamos e examinar el deslumbrante mundo de la búsqueda de directivos para percibir qué significa para usted. El programa va a ser el siguiente:

- El mercado de la búsqueda de directivos.
- Proyectando la imagen de persona perfecta y de empleo perfecto: dominando sus habilidades para la entrevista que dura toda la vida.
- Vendiéndose a los cazatalentos.
- Tratando con los cazatalentos.
- Manteniendo una vía abierta a las propuestas.

Enfrentado a ello, ser contactado por una empresa de búsqueda de directivos es algo sobre lo que no tenemos ningún control. El contacto surge de modo inesperado, cuando menos se espera.

El mercado de la búsqueda de directivos

Los consultores de búsqueda de directivos no son baratos, de modo que el primer punto a entender sobre este asunto es que las empresas no recurren a esta vía si no existe una buena razón. En la mayoría de los casos, la razón es que el empleo es de muy alto nivel (por ejemplo, una posición en un consejo de administración), donde se busca una persona con unas cualidades excepcionales. Nota: las compañías también recurren a las empresas de búsqueda de directivos para contratar a gente con capacidades escasas o muy especiales.

¿Qué significa para usted?

Ser contactado por una empresa de búsqueda de directivos es una oportunidad que no puede dejar escapar. Hay dos razones para decir eso:

• Muchos de los mejores empleos se cubren mediante búsqueda de directivos.
• El sueldo es flexible (son las empresas las que deben ofrecerle algo que le pueda interesar).

Proyectando la imagen de persona perfecta y de empleo perfecto

¿Hay algo que pueda hacer para mejorar la posibilidad de ser contactado por una empresa de búsqueda de directivos?

Cómo trabajan las empresas de búsqueda de directivos

Primero examinemos cómo trabajan los cazatalentos. Los cazatalentos profesionales –o consultores de selección de directivos, como se les denomina más correctamente– funcionan en base a sus conexiones en el mundo de los negocios.

> *Ejemplo: Empresa Q*
>
> La empresa Q, una marca líder en la industria de dispositivos electrónicos busca un candidato para reemplazar al Presidente ejecutivo que se retira en el plazo de doce meses. La empresa contacta con RST & Asociados, una firma de búsqueda de directivos muy conocida, y les describe el tipo de personas que están buscando, preferiblemente alguien con varios años de experiencia en la alta dirección en un fabricante de dispositivos electrónicos. RST & Asociados empieza su labor obteniendo información de sus numerosos contactos en el sector de la fabricación de dispositivos electrónicos.

Rápidamente obtiene una lista denombres: los recomendados por sus contactos. A partir de ahí proceden a llamar a cada uno de ellos para descubrir quién está interesado en cambiar de empleo y quién no.

Lo que este ejemplo de la empresa Q muestra es que para estar en el extremo receptor de la llamada de un cazatalentos:

- Alguien tiene que conocerle.
- Aún más importante: lo que sepan de usted tiene que ser bueno.

Proyectando una buena imagen

Por lo general, cuando nos referimos a «alguien que le conozca» queremos decir gente que haya contactado con usted a lo largo de su carrera profesional. Esto incluye:

- Compañeros de trabajo, anteriores y actuales (jefes, colegas y subordinados).
- Contactos externos, tales como clientes, proveedores y consultores.
- Gente que le conozca por su trabajo en organismos externos tales como instituciones profesionales y asociaciones de empresas.

Como ser contactado por una empresa de búsqueda de directivos es algo muy importante, piense que gente como ésta puede influir en el resultado mediante:

- Mencionar su nombre en el momento adecuado.
- Facilitar buenos informes sobre usted.

Por eso le pedimos que haga un esfuerzo por dedicar todos los sentido en proyectar una buena imagen en su trabajo diario.

La entrevista que dura toda la vida

Existe un interesante contraste entre:

- La imagen que usted adopta al acudir a una entrevista.
- La imagen menos cuidada que proyecta en aquellos que tratan con usted durante toda la semana.

Con la primera, usted es extremadamente cuidadoso en ofrecer su mejor conducta y, al mismo tiempo, hace todo lo posible por mostrar una buena apariencia. Tendrá mucho cuidado con lo que dice. Seguramente hará todo lo posible por mantener en secreto cualquier área gris en su historial.

Sin embargo, no ocurre lo mismo con la segunda. Aquí se siente más inclinado a sentirse libre y puede que afloren aspectos menos agradables de su carácter.

Una parte del problema aquí, por supuesto, es que hablamos de proyectar una buena imagen siempre, no sólo durante los 45 a 90 minutos que duran la mayoría de las entrevistas. ¿Más difícil? Por supuesto que lo es, y eso es lo que queremos decir con «la entrevista que dura toda la vida». La consistencia y esfuerzo que requiere no son fáciles de lograr.

La entrevista que dura toda la vida en la práctica

• No tiene días libres.
• Debe ser cien por cien fiable, ha de ponerse en contacto con la gente cuando haya dicho que lo hará y debe terminar su trabajo logrando los objetivos.

- Su apariencia siempre tiene que dar la talla (no sea el primero en vestirse informalmente).
- Absténgase de criticar a sus espaldas a sus colegas o a sus jefes: guárdese para usted sus opiniones.
- No se queje ni se lamente, no utilice a sus colegas como una caja de resonancia de sus lamentos, por mucho que crea que está atravesando un mal momento.
- Aprenda a guardarse para usted sus defectos.
- Muestre cada día un poco de la imagen que se reserva para las entrevistas.

La persona perfecta y el empleo perfecto

Las empresas de búsqueda de directivos viven de su reputación, de modo que no corren riesgos en el momento de dar nombres de candidatos a sus clientes. No espere que estén interesadas en usted, por lo tanto, si:

- Conocen algún defecto en su carácter.
- Su historial de empleo no presenta un nivel elevado.

En vez de eso, debe ser visto como alguien con un empleo perfecto, y este en especial debe ser el caso cuando tratamos de empleos de alta dirección.

SÁBADO

> *Lo importante es a quién conoces y lo que ellos conocen sobre ti*
>
> La frase «Lo importante es a quién conoces» se utilizaba como eslogan para describir el camino hacia el éxito. Hoy en día, es más adecuado decir «Lo importante es a quién conoces y lo que ellos conocen sobre ti».

Vendiéndose a los cazatalentos

Los cazatalentos tienen la reputación de ser una clase distante que se mueve en círculos sociales elitistas, inaccesible para el hombre de la calle. Pero ¿es eso verdad? ¿Existen en la realidad maneras de llamar la atención de los cazatalentos sobre sus credenciales de modo que pueda aumentar la posibilidad de que se convierta en su objetivo?

No los acribille con currículos

Este es el primer fallo que puede cometer. No los acribille con copias de su currículo; al menos no hasta que haya hecho un cierto trabajo previo. Los cazatalentos (los adecuados) reciben miles de currículos no solicitados. La mayoría terminan en la máquina trituradora de papel.

¿Qué se proponen los cazatalentos?

Pregúntese por qué un cazatalentos debería interesarse en usted. ¿Qué van a ganar por tener su nombre en sus listas?

Los cazatalentos están en el negocio para hacer dinero, como todo el mundo. Lo que importa más en cómo lo verán es si piensan que pueden hacer dinero o no, con usted; en otras palabras, si lo pueden colocar a alguno de sus clientes.

Identifique áreas inusuales de capacidades y experiencia

Los trabajos que se les encargan a los cazatalentos implican encontrar gente inusual o con áreas de capacidad y experiencia especiales, gente que :

• No abunda en el mercado.
• A los que los anuncios no les impactan.

Ejemplo
Analice si tiene áreas interesantes de capacidad y experiencia. Tome a Luis como ejemplo. Luis es el Director financiero de una empresa que ha terminado recientemente un gran programa de expansión. Luis tiene, pues, mucho conocimiento de compras, fusiones y adquisiciones, mucho más del que tendría un director financiero medio.

Utilice sus contactos

Contacte con los cazatalentos empleando sus mismos medios, es decir, sírvase de sus contactos para acceder a ellos. Esto es fácil si le han contactado antes. Hable con el consultor con quien trató previamente y dígale que está dispuesto a hacer otro cambio. Explíquele qué está buscando en esta ocasión.

Si no ha tenido la suerte de haber sido el objetivo de un contacto previo, busque a alguien de su círculo de amistades que lo haya sido. Debido a que la búsqueda de directivos es cada vez más el método preferido de lograr el talento directivo, es casi seguro que alguien a quien usted conoce haya sido objeto de atención de algún cazatalentos en el pasado reciente. Descubra el nombre del cazatalentos y luego siga el plan de acción descrito a continuación:

- Utilice el teléfono para contactar con él.
- Establezca rápidamente el contacto: «Me dio su nombre Juan González. Usted hizo que la contrataran en Wired Up Electronics hace seis meses.»
- Prosiga también rápidamente a explicar qué se propone, qué intenta lograr (su objetivo). Hágalo con tres frases, como mucho.
- Mencione algún área de habilidades/experiencia (otra frase).
- Pregunte al cazatalentos si podrá ayudarle.
- Deje de hablar y escuche su respuesta.

Tenemos varios resultados posibles:

- *Puede que el cazatalentos no trate con el tipo de empleo que usted pretende*. En ese caso, pregúntele si conoce a un cazatalentos que sí lo haga. Empiece de nuevo.

• *Puede que el cazatalentos le formule más preguntas.* Esto, normalmente, es una buena señal. Conteste del modo más conciso que pueda.

• *Puede que el cazatalentos le pida que le envíe una copia de su currículo.* Esto también es una buena señal.

Los puntos clave a destacar aquí son los siguientes:

• Los cazatalentos hacen la mayor parte del trabajo por medio del teléfono. Es mejor comunicarse con ellos de este modo, por ejemplo, que escribiéndoles o enviándoles *e-mails.*

• Los contactos son importantes para el cazatalentos. El nombre que dé al principio de la conversación le ayudará a enfocar su atención en lo que le está diciendo.

• Un discurso larguísimo no sirve para impresionar a un cazatalentos. Si llega rápidamente al quid de la cuestión, evitará perder su interés.

Tiene un doble objetivo al abordar a un cazatalentos:

• Ver si alguna de su búsquedas actuales encaja con lo que usted pretende (una coincidencia).

• Si eso no ocurre, asegurarse de que cuando le llegue su currículo lo incluye en el fichero de candidatos interesantes, en lugar de enviarlo a la papelera.

Visibilidad

Los cazatalentos buscan a menudo a sus candidatos en informes sobre las empresas que aparecen en la prensa o bien de otras fuentes que son de dominio público. Veamos dos ejemplos:

Pedro está especializado en derecho mercantil y llegó a ser contactado después de escribir un artículo en una prestigiosa revista económica.

Gema recibió tres llamadas de cazatalentos después de que su nombre apareciera destacado en una nota de prensa sobre el lanzamiento de la última gama de productos de su empresa.

Tratando con los cazatalentos

Una vez que reciba una llamada de un cazatalentos, ¿cómo debería tratar con él? ¿Cuál es la mejor manera de seguir adelante?

Mantenga el asunto confidencial

Es la primera regla y la más importante para manejar estos contactos. No sucumba a la tentación de contárselo a nadie. Decimos esto por dos buenas razones:

- Las propuestas a veces quedan en nada. Esto puede suceder, por ejemplo, si la empresa detrás del puesto cambia de opinión sobre la contratación.
- El hecho de que haya recibido una propuesta podría enviar el mensaje a sus jefes de que potencialmente les va a dejar a corto plazo, de modo que se lo pensarán dos veces antes de invertir dinero en su formación y desarrollo.

No deje que se le suba a la cabeza

Tras recibir una propuesta hay la tendencia a sentirse halagado. Alguien ahí fuera, al final, ha reconocido su talento.

Aunque es natural sentirse un poco satisfecho de uno mismo, dejar que eso se le suba a la cabeza está plagado de peligros.

Por ejemplo:

- Si la propuesta falla –o usted no logra el empleo por cualquier motivo– podría ser un golpe demoledor a su ego.

- Podría empezar a ver el empleo todo de color de rosa, lo que puede hacer que falle en cuanto a percibir los evidentes desajustes que puedan haber entre el empleo y sus objetivos.
- Sentirse halagado tiende a que uno se sienta agradecido, esa no es una buena posición para empezar a negociar el mejor contrato para uno mismo.

No se cierre las puertas

Aunque no esté pensando en cambiar de empleo en este momento, reciba siempre a los cazatalentos con amabilidad y escuche lo que quieren proponerle. Hay dos razones para este consejo en concreto:

- Sólo debido al factor del coste, los empleos que se logran vía empresas de búsqueda de directivos suelen ser buenos empleos, es decir, sin saberlo puede que le esté dando la espalda a la oportunidad de su vida. Como todo el mundo sabe, la suerte no llama dos veces.
- En el mundo inseguro actual, nunca sabrá cuándo va a necesitar a un cazatalentos. Tener su favor es lo mejor para sus propios intereses.

Deje clara su postura

Teniendo en cuenta lo probable que sea la pérdida de tiempo, el cazatalentos intentará establecer desde el principio si usted está dispuesto a hacer un cambio o no. Su respuesta debería ser más o menos que, aunque está encantando con lo que está haciendo en este momento (sea cierto o no), siempre estaría dispuesto a escuchar propuestas que significaran un progreso en su carrera. Esto le brinda la oportunidad para comentarle sus puntos de referencia, incluyendo el tipo de compensación que podría tentarle a dejar su empresa (independientemente de que se haya mencionado una cifra o no).

¡AVISO!

No pida demasiado poco
Las empresas, normalmente preparan propuestas con ideas flexibles sobre la cuantía de sueldo y de beneficios sociales que tendrían que ofrecer para atraer a un candidato con el perfil adecuado. En resumen, hay mucho margen para negociar. Por consiguiente, no cometa el error de venderse bajo mencionando una cifra al principio que luego resulte ser demasiado reducida.
Recuerde:

• Es más fácil rebajar una cifra que subirla.
• En un empleo directivo, podría crear la impresión desafortunada de que le falta ambición personal (un punto negativo).

Los cazatalentos están acostumbrados a hablar de cifras verdaderamente astronómicas sin pestañear. Opiniones como «ser demasiado avaricioso» o «esto es una exageración» no van con ellos.

Logre que la propuesta siga adelante

Normalmente es en su propio interés lograr que la propuesta siga adelante tan rápidamente como sea posible, mientras que el cazatalentos probablemente querrá hacer que pase por procedimientos de selección formal tales como entrevistas y tests psicométricos, de modo que usted deberá procurar **mantener el control** sobre el ritmo al que avanzan los acontecimientos. Por ejemplo, si el cazatalentos le dice «Volveré a hablar con usted», pregúntele cuánto tiempo, más o menos, tardará. Si no recibe una llamada por esa fecha, usted podrá llamarle e intentar recordárselo.

Manteniendo una vía abierta a las propuestas

Puede que la primera propuesta que reciba no encaje, pero hay que tener una mayor perspectiva –usted necesita que le sigan llegando propuestas hasta que una finalmente se ajuste a sus pretensiones. Esto significa cuidar a los cazatalentos y tenerlos contentos. ¿Cómo va a hacerlo? Incorporando algunas de las lecciones que ya hemos comentado, es decir:

- *Sea cortés*. Nunca le dé con la puerta en las narices a un cazatalentos y escuche siempre lo que tiene que decirle.
- *Esté disponible*. No les haga la vida difícil haciendo que sea imposible contactar con usted.
- *Sea fiable*. Vuelva a contactar con los cazatalentos en la fecha prevista. No deje que sean ellos los que tengan que perseguirle.

- *Sea franco.* Si un empleo no encaja con usted, dígaselo. No les tome el pelo. Si malgasta su tiempo no le cogerán cariño.
- *Sea positivo.* Dígale al cazatalentos el tipo de empleo que está buscando y el tipo de oferta que le tentaría a abandonar su empresa.
- *Sea simpático.* Anime a los cazatalentos a que sigan llamándole.
- *Sea proactivo.* Mantenga el contacto llamándoles de vez en cuando.

Resumen

Recibir una propuesta es el camino a algunas de las mejores oportunidades que puede ofrecer el mercado. Asegúrese de no perder esa oportunidad mediante:

- Concentrarse en la entrevista que dura toda la vida intentando proyectar siempre una imagen de persona perfecta y de trabajo perfecto.
- Utilizar sus contactos para establecer relaciones con los cazatalentos.
- Extender su visibilidad más allá de su empresa.
- Vendiendo cualquier área de habilidades y experiencia interesantes de que disponga.
- Entablar relaciones con los cazatalentos, basadas en un diálogo progresivo (haciendo que le sigan llegando propuestas).

Siendo selectivos
en la búsqueda de empleo

El elemento más importante de una búsqueda de colocación con éxito es recibir en mano una oferta de empleo. Pero para muchos, ese es el momento en que empiezan las preocupaciones. ¿Deberían aceptar el empleo o rechazarlo?

Hoy hablaremos de cómo ser selectivos en los empleos que buscamos, en otras palabras, detrás de qué empleos debemos ir y cuáles debemos dejar. Después de esto volveremos a ver lo que hemos aprendido esta semana y uniremos varios de los puntos tratados. El programa va a ser el siguiente:

- Evaluando los riesgos que existen al cambiar de empleo.
- Evitando empresas deshonestas.
- Ponderando las ofertas: leyendo la letra pequeña, obteniendo toda la información que necesite.
- Señuelo: los peligros que acechan detrás de la oferta que uno no puede rehusar.
- La búsqueda de empleo como parte de una estrategia de carrera más amplia.

El factor de riesgo

Por mucha investigación que haya hecho sobre la empresa que va a contratarle, un cambio de empleo es aún, en gran parte, dar un paso hacia lo desconocido. Usted no sabe cómo encajará. No sabe cómo se sentirá en ese trabajo dentro de seis meses.

Este tipo de temores frena a mucha gente. Rechazan buenas ofertas de empleos por la simple razón de que les entra miedo y se echan atrás. Esto, claramente, no es bueno y representa malgastar todo el tiempo y esfuerzo que han invertido.

Ventajas e inconvenientes

Aceptando que hay un riesgo asociado a cualquier cambio de trabajo, necesita contemplar ese riesgo dentro del contexto adecuado, queremos decir que mire tanto las ventajas como los inconvenientes, luego reflexione y vea cómo se equilibran.

Ventajas. Normalmente son el aumento de sueldo, los mayores desafíos y responsabilidades que el nuevo empleo le ofrece, etcétera.
Inconvenientes. Estos se presentan cuando el trabajo no funciona. Se encuentra de nuevo en el mercado laboral. Podría acabar en un empleo similar al anterior o incluso peor, intentando evitar la ansiedad. Podrían pasar algunos años antes de que pudiera situar al día su carrera.

Los inconvenientes son, todo hay que decirlo, bastante alarmantes, pero lo que la mayoría de la gente elude con su análisis de riesgos es considerar otro conjunto de ventajas e inconvenientes: los asociados con desestimar la oferta y seguir con su trabajo:

Ventajas. La seguridad de trabajar para una empresa que ya conoce.
Inconvenientes. Continuar rindiendo por debajo de su nivel, estancado, mal pagado, sea la razón que fuere la que le llevó a la búsqueda de empleo.

Cambie de empleo por la razón adecuada

El punto final para obtener una visión equilibrada de los riesgos son dos reglas de oro:

- No cambie de trabajo por ganancias triviales o sin consecuencias, por ejemplo, para mejorar un poco su sueldo.
- No busque empleo por quejas menores, por ejemplo, que deberían haberle cambiado el coche de empresa hace tiempo.

Empresas deshonestas

No todas las criaturas con que se encuentre en la jungla de la búsqueda de empleo tendrán buenas intenciones. De hecho, la diversidad creciente del mercado moderno significa que hay una mayor probabilidad de que se encuentre en su viaje con caracteres que no son de fiar.

Todos conocemos el disfraz extraño de contratar y despedir (empresas que están en un ciclo constante de contratar gente y luego despedirlas), pero existen otras especies igualmente peligrosas: gente que le oculta hechos importantes para que acepte el trabajo.

Cómo detectar a una empresa deshonesta

- Póngase en guardia a partir del momento en que le intentan «vender» un empleo. Las buenas empresas siempre señalan tanto los puntos débiles como los fuertes. Las deshonestas se limitan a pintar las cosas de color de rosa.
- Tenga cuidado con las empresas que le hacen grandes promesas, por ejemplo, sobre futuros aumentos de sueldo, especialmente cuando no están preparadas para puntualizar sus promesas por escrito.
- Detecte el peligro si las respuestas a sus preguntas son vagas o evasivas.
- Tenga cuidado con las empresas que le presentan una oferta que no puede rehusar (hablaremos más de esto dentro de un momento).
- Confíe en su instinto. Si siente que algo huele mal, que eso le baste para evitarles. Escuche su voz interior. Normalmente no le fallará.

¡AVISO!

Muchos empleos en la actualidad (incluyendo puestos directivos) son de corta duración o temporales: eso quiere decir que ha de tener mucha precaución con que lo que le ofrezcan sea un puesto permanente. Tenga cuidado, porque empresas sin escrúpulos intentan ocultar el hecho de que un empleo es temporal, sólo con la intención de atraer a candidatos idóneos.

Ponderando las ofertas de empleo

Aunque parezca que no vale la pena mencionarlo, no actúe con respecto a ninguna oferta que no reciba por escrito. No comente, por ejemplo en la oficina, que dejará en poco tiempo la empresa. Haga lo que haga, no entregue todavía su renuncia.

Lea la letra pequeña

Las ofertas de empleo son a menudo bastante detalladas y/o vienen acompañadas de documentación de soporte, tal como la descripción del puesto de trabajo, el contrato básico de empleo, e información sobre temas tales como planes de pensiones o coche de empresa. Lea todos esos documentos con cuidado, tomando notas.

Destaque:

- Cualquier punto sobre el que necesite una aclaración.
- Algo que varíe respecto a la información que le dieron durante las entrevistas.
- Cualquier punto que le parezca que se ha omitido.

Lo que aquí está intentando salvaguardarse no es tanto contra las empresas deshonestas, sino contra la falta de experiencia del personal que le hizo la entrevista, que puede que no tenga todos los datos correctos o que se haya dejado algo importante (para usted, claro).

Consiga toda la información que necesite

De nuevo, aunque parezca que no vale la pena decirlo, no acepte ningún trabajo hasta que tenga toda la información que necesite.

¡AVISO!

Aunque en la mayoría de los casos esto represente sólo una llamada a la persona que le hizo la oferta, en cuestiones realmente importantes sobre la fecha en la que se paga el aumento de sueldo o los detalles sobre la compensación por traslado, es aconsejable tener

siempre por escrito la información adicional.
Cualquier empresa que sea reacia a hacerlo, debería,
automáticamente, ser considerada como
sospechosa.

Revisando sus puntos de referencia

Esto, en realidad, es su dispositivo de seguridad final. ¿Encaja lo que le ofrecen con lo que usted pretendía lograr cuando salió al mercado a buscar empleo, o está muy lejos de ello? Hacerse esta pregunta le expone a tres peligros potenciales:

- Puede que haya dejado que sus objetivos deriven a la baja (esto le ocurre a la gente que ha estado en el mercado por mucho tiempo). Puede que haya rebajado sus pretensiones sin darse cuenta.
- Puede que su desencanto con su empleo actual distorsione su punto de vista sobre lo que le están ofreciendo.
- Puede que esté sucumbiendo a un señuelo (siga leyendo).

¡AVISO!

No existe el empleo perfecto. Le decimos esto para advertirle en cuanto a:

- Ser pedante en exceso a la hora de examinar ofertas de empleo.

• Rehusar buenas ofertas de empleo por aspectos insignificantes del paquete de beneficios, que no encajan con sus expectativas.

Aprenda a considerar las ofertas de empleo «en su conjunto». Por ejemplo, si uno ve que hay una mejora sustancial de sueldo (más alto que la cifra que pretendía), eso supera con creces una reducción ligera en días de vacaciones o una oferta menos amplia de coches de empresa.

Señuelo

Con empresas desesperadas por contratar a gente con habilidades escasas o muy buscadas, el campo está abonado para un señuelo, presentar una oferta sabiendo que la persona que la recibe la encontrará imposible de rechazar.

El señuelo va mano a mano con la búsqueda de directivos.

El señuelo es quizá la razón más habitual por la que la gente se equivoca al cambiar de empleo. «Sabía que era un error –se les oye decir–, pero con la oferta que había sobre la mesa, ¿cómo iba a decirles que no?»

El señuelo puede ser de diversas formas: sueldo, beneficios y, en la actualidad, cuantiosos pagos por anticipado o contratos blindados.

Todas las ofertas se pueden rehusar

Creemos innecesario decir que un salario enorme, con un cochazo, no sirve de nada si dura sólo seis meses. Tendría que ir con cuidado antes de tener la sensación de que le han hecho una oferta que no puede rehusar. Desde luego, puede que le haya tocado la lotería, pero también puede significar que la empresa con la que negocia está en una situación desesperada y sabe que no hay otra manera de que acepte ese trabajo. ¿Moraleja? Si delante de usted están sonando las sirenas de alarma, téngalas en cuenta. En la búsqueda de trabajo, no es oro todo lo que reluce.

Resumen

Lograr que la búsqueda de trabajo produzca un buen resultado significa ser capaz de separar en las ofertas que encuentre las ganadoras de las perdedoras, evitando a toda costa un cambio de empleo equivocado. La manera de hacerlo será mediante:

- Dejar a un lado el orgullo y la satisfacción asociados a que a uno le ofrezcan un empleo.
- Detectar cualquier señal de advertencia que se le pueda presentar.
- Evitar que un señuelo interfiera en su mejor juicio.
- Invertir tiempo examinando lo que está sobre la mesa antes de dar el «sí».
- Volver a contactar con la empresa si la información que recibe parece contradictoria o incompleta.

Del mismo modo, no se desanime con el mercado de empleo moderno con todas sus dificultades e imperfecciones. Véalo más bien como un lugar lleno de oportunidades para todos los que aprenden a dominarlo.

La búsqueda de empleo como parte de una carrera estratégica

La búsqueda de empleo es, para muchas personas, algo que les sume en momentos de desesperación. Lo hacen, por ejemplo, cuando sus empleos están en riesgo o cuando la presión empieza a ser excesiva para ellos. Lo hacen cuando el aumento de sueldo en el que confiaban no se materializa o cuando se les pasa por alto en una promoción. La desesperación les añade presión para lograr soluciones rápidas. Acaban aceptando la primera oferta decente que les llega, lo que significa que:

• No permanecen mucho tiempo en el mercado de trabajo.
• Sólo ven un fragmento del abanico de oportunidades disponibles.
• Logran poca o ninguna experiencia.

CONCLUSIÓN

Teniendo en cuenta que estos breves episodios de búsqueda frenética de empleo se intercalan con largos períodos de inactividad, el resultado es que su visión del mundo exterior es como una serie de fotografías en las que uno sólo ve:

- Lo que hay dentro de la fotografía.
- Lo que sucede en un momento determinado.

Ejemplo

Esta visión de fotografías pueden dar una lectura totalmente falsa de la naturaleza real del mercado. Considere el ejemplo de Jorge. Jorge trabaja en el sector de la construcción. Ha estado buscando empleo tres veces durante su vida: cada vez que el sector pasaba por tiempos difíciles y pensaba que su trabajo estaba en riesgo. La experiencia de búsqueda de empleo de Jorge se limita, por tanto, a períodos cuando:

- Los trabajos en el sector de la construcción escaseaban.
- Había mucha gente disponible como él (gente buscando empleos más seguros).

Como resultado, el punto de vista de Jorge del mercado para gente con sus capacidades está distorsionado. Lo que él no ha experimentado ha sido un mercado en los tiempos boyantes.

CONCLUSIÓN

El resultado final para gente como Jorge es que están situados por debajo de su nivel.

Logre que le sigan llegando oportunidades de empleo

Los dos principales mensajes de este libro son:

- Existe un mercado para sus habilidades, mucho mayor del que usted piensa.
- Explore ese mercado más grande adecuadamente y obtenga provecho con habilidad.

Hay una pieza final en la infraestructura que necesitamos poner en marcha y es la siguiente: necesita tener una visión actualizada de lo que el mercado puede ofrecer, no sólo la que se pone en marcha y se para en función de lo amenazante que le parezca la vida en un momento dado. En otras palabras, tiene que abandonar la serie de fotografías y pasar a imágenes en movimiento.

¿Cómo puede hacerlo? La respuesta es empleando algunas de las lecciones que hemos seguido a lo largo del transcurso de esta semana:

- No caiga en el mercado de trabajo por desesperación.
- Mantenga el contacto con el mercado visible examinando los anuncios regularmente. De hecho, envíe su solicitud a cualquier buen empleo que vea.
- Mantenga una búsqueda proactiva. Mantenga su presencia en el mercado invisible mediante su permanen-

cia en los archivos de los consultores de selección que haya elegido. Envíe cartas a empresas seleccionadas de vez en cuando.

- Mantenga abiertos sus contactos. Que sepan que usted siempre estará interesado en escuchar buenas ofertas de trabajo.
- Siga trabajando en la entrevista que dura toda la vida. Conviértase en un objetivo atractivo para los cazatalentos, proyectando una imagen de persona perfecta y de trabajo perfecto.
- Anime a los cazatalentos a que sigan llamándole. No provoque su rechazo siendo negativo con ellos.

Debido a la incertidumbre del mundo en que vivimos, una buena gestión de nuestra carrera pasa por mantener todas las opciones abiertas y preparadas. Manténgase al día con el mercado de trabajo. Convierta la búsqueda de empleo en una parte cotidiana de su vida.

Lo que hemos aprendido esta semana

- Los beneficios de buscar empleo después de haber reflexionado minuciosamente desde el principio.
- Hay que buscar en todo el mercado y no sólo en una parte.
- No pase por alto el mercado invisible y lo que puede ofrecerle.

- Haga todo lo que pueda para convertirse en un objetivo de los cazatalentos.
- Sea selectivo con los empleos que busca.
- Aprenda a dejar de lado algunos empleos.
- Haga de la búsqueda de empleo parte de su vida cotidiana.

Una última reflexión

Cuando todo parece que esté en contra suya, enviar unas cuantas solicitudes de empleo inmediatamente le hará sentirse mejor. Está haciendo algo positivo. Se abren nuevas posibilidades. De repente, el mundo es un lugar más grande y excitante.

APRENDA A REALIZAR ENTREVISTAS CON ÉXITO EN UNA SEMANA

Autor: Mo Shapiro **Formato:** 13x20 **Páginas:** 104 **ISBN:** 8480884274

Las entrevistas de un tipo u otro son una actividad ineludible para aquellos que ocupan un puesto de responsabilidad. Entrevistar no es una tarea fácil, y con frecuencia incómoda tanto a quien la realiza como al entrevistado. Esta obra proporciona a los directivos de empresa una guía práctica al respecto, que incluye un esquema general y sugerencias concretas para las distintas clases de entrevista (selección de personal, orientación laboral, disciplina). Siguiendo sus consejos, en siete días usted dominará las técnicas básicas que todo buen entrevistador necesita para ofrecer una imagen de seguridad y confianza en sí mismo.

SUPERAR CON ÉXITO LAS ENTREVISTAS EN UNA SEMANA

Autor: A. Straw - M. Shapiro **Formato:** 13x20 **Páginas:** 120 **ISBN:** 8496426335

La lectura de este libro le ayudará a mejorar su capacidad para afrontar entrevistas y salir airosamente de ellas. Podrá mejorar su capacidad y su éxito gracias a una combinación de reflexión, formación, práctica y experiencia.

APRENDA A REDACTAR SOLICITUDES DE TRABAJO EN UNA SEMANA

Autor: P. Scudamore - H. Catt **Formato:** 13x20 **Páginas:** 128 **ISBN:** 8480886919

El presente libro trata de cómo lograr que prosperen las solicitudes de empleo y qué se necesita para competir con éxito en los duros mercados de la selección de personal actuales. Con la lectura de este libro usted conocerá cuales son los criterios de selección y cómo destacar en ellos.

CÓMO REDACTAR UN CURRÍCULUM EN UNA SEMANA

Autor: S. Morris - G. Willcocks   **Formato:** 13x20   **Páginas:** 104   **ISBN:** 8480889020

Entre la montaña de presiones laborales que soporta y el exceso de información que le invade, ¿cree que es difícil desarrollar sus capacidades? Independientemente de que sea la primera vez que se enfrenta a un tema, o de que necesite repasar un conocimiento que ya posee. La Colección Habilidades Directivas consigue dividir grandes temas en pasos simples que se pueden aprender en tan sólo una semana de una forma tan fácil como posible.

APRENDA A SELECCIONAR PERSONAL EFICAZMENTE EN UNA SEMANA

Autor: Manuel Olleros   **Formato:** 13x20   **Páginas:** 88   **ISBN:** 8480887567

Todos en alguna ocasión y algunos habitualmente, hemos de dedicarnos a tareas de selección de personal. Disponer de un buen método de trabajo y una buena actitud son imprescindibles para abordar con éxito la selección. La selección de personal y la captación de candidatos también evolucionan. Dar a conocer las nuevas tendencias y aprovechar nuevas técnicas de reclutamiento como Internet, es el propósito de este manual. Siguiendo sus consejos y ejercicios usted puede dominar las técnicas de la selección de personal.

RETENGA CON ÉXITO A SUS EMPLEADOS

Autor: Sue Browell   **Formato:** 13x20   **Páginas:** 128   **ISBN:** 8480887729

Todas las personas que tienen una responsabilidad respecto al personal –jefes de equipo, directivos, especialistas en recursos humanos– tienen que saber lo que motiva a sus empleados, lo que quieren y lo que necesitan. Este libro ayuda a identificar y a afrontar los problemas relacionados con la retención de personal para que pueda conservar a sus mejores trabajadores y, así, mejorar el éxito y la rentabilidad de la empresa.